Corta a CORDA

CIP-BRASIL. CATALOGAÇÃO NA PUBLICAÇÃO
SINDICATO NACIONAL DOS EDITORES DE LIVROS, RJ

L699c   Lima, Moacir Costa de Araújo
          Corta a corda : um voo para a liberdade / Moacir Costa de Araújo Lima. – 3. ed. – Porto Alegre, RS : AGE, 2025.
          144 p. ; 14x21 cm.

          ISBN 978-85-8343-283-8
          ISBN E-BOOK 978-85-8343-282-1

          1. Filosofia. I. Título.

     16-36933   CDD: 100
                               CDU: 1

Moacir Costa de Araújo Lima

Corta a CORDA
Um voo para a liberdade

3.ª edição

EDITORA
age

PORTO ALEGRE, 2025

© Moacir Costa de Araújo Lima, 2016

Capa:
Nathalia Real

Diagramação:
Maximiliano Ledur

Supervisão editorial:
Paulo Flávio Ledur

Editoração eletrônica:
Ledur Serviços Editoriais Ltda.

Reservados todos os direitos de publicação à
LEDUR SERVIÇOS EDITORIAIS LTDA.
editoraage@editoraage.com.br
Rua Valparaíso, 285 – Bairro Jardim Botânico
90690-300 – Porto Alegre, RS, Brasil
Fone: (51) 3223-9385 | Whats: (51) 99151-0311
vendas@editoraage.com.br
www.editoraage.com.br

Impresso no Brasil / Printed in Brazil

Dedicatória

Há cordas que prendem e laços que unem.

A diferença está no fato de que as cordas são bitoladoras e os laços, mormente os dos sentimentos, possuem uma elasticidade variável segundo o pensamento e as emoções daqueles que unem.

Quer dizer, unidos pelos laços do amor podemos nos afastar fisicamente, por algum tempo, mas o sentimento manterá os laços firmes.

Estamos longe. Queremos voltar? É só se deixar flutuar nas ondas da emoção e os laços imateriais do amor nos conduzirão à proximidade e ao contato físico, até porque o amor não guarda qualquer tipo de proporção com a distância ou com seu inverso.

Lucia Helena, Priscila, Andrei, amores de uma ou muitas vidas.

Vocês que me permitiram exercitar o amor e fazem-me sentir amado são o exemplo vivo da felicidade experimentada por quem vive no campo luminoso presidido pelo verbo amar.

Grato por poder amá-los e por me sentir amado, ofereço-lhes este livro com imenso carinho e gratidão.

Sumário

Permitam-me apresentar-me:..9
Prólogo..15
Corta a corda..17
No paraíso..23
A verdade e sua busca..30
Fazer o novo com o velho?..39
Campo...58
Crio, logo existo..74
Presos ao passado?...101
Atrações...110
   Como nasce um paradigma...............................112
   Há lugar para Deus na ciência?............................115
   A revolução de Kardec......................................125
   O valor da espiritualidade em meio à violência social......130
QI, QE e QS...135
   Cortes urgentes..141
Bibliografia..143

Permitam-me apresentar-me:

Moacir Costa de Araújo Lima – Professor.

É profissão, aspiração, uma das razões de viver, sem dúvida, uma vocação – do latim *vocatio* – o chamar, exclamar, de uma voz interior.

Para mim, sempre foi um ideal de vida. Não sei se somente dessa ou de outras. Na verdade, não gosto de pensar na vida como várias vidas.

Acredito que seja uma só, independentemente do fato de poder ser vivida em diferentes estágios, vida intrauterina, infância, adolescência... ou em várias encarnações.

O que interessa é que, num só plano e vez, ou em alternadas dimensões, como acredito, há uma unidade na pluralidade aparente e uma só história de evolução em busca da luz, do conhecimento, da verdade.

Pois, minha inclinação para o magistério começou na infância, quando, com meus primos, principalmente naqueles dias em que não se podia sair de casa devido ao mau tempo, gostava de brincar de aula e, naturalmente, eu era o professor.

E dentro da ideia de transmitir algum conhecimento, buscava algo de conteúdo em algum livro e tentava transmiti-lo nas aulas de brinquedo.

Mais tarde, nos anos sessenta, no Colégio Rosário, absorvia com entusiasmo as aulas recebidas e procurava me aproximar dos professores, imitando-os nos intervalos, para a alegria dos colegas.

Então, naquele tempo, inventamos um esquema de aulas à tarde – o turno regular era matinal – e nessas aulas alunos que tinham compreendido bem as matérias se reuniam com alguns que apresentavam maior dificuldade, para ensiná-los.

Eu era o professor de Matemática, replicando as aulas que tivera com o genial professor Túlio Santos, cuja didática irretocável, acompanhada de um conhecimento pleno, tornava impossível não aprender e não gostar da Matemática.

Chegou o fim do então curso científico e com ele a decisão a respeito de que faculdade cursar. Em função disso, qual seria a profissão escolhida.

Decisão: Curso de Física, para me tornar professor.

Era o caminho natural. Desde muito jovem, ao ler algo de interessante, principalmente na área da Filosofia ou da Ciência, mesmo enquanto lia, pensava em como transmitir aquele conhecimento para outras pessoas. Pensava em dar aula.

As novidades que me contavam, em diferentes ramos do conhecimento, mesmo nas mais informais conversas, geravam a vontade de comunicá-las. Era a vocação.

Fatores múltiplos poderiam pesar na decisão, mas o mais importante era fazer o que gosto, pois isso realiza.

Havia, por certo, vários quesitos a ponderar. Entendemos esses fatores como um conjunto de possibilidades, com maior ou menor grau de probabilidade, que meus pensamentos e ações escolheriam transformar em realidade ou não.

Possíveis incompreensões, o cruzar na vida com diretores, coordenadores, alguns medíocres e, como tal, ciumentos, exercendo a prepotência contra mim, poderiam impedir meu trabalho em algum setor específico, etc.

Esse era o lado das possibilidades sombrias.

Mas havia e há outro: o encontro que, frequentemente, tenho tido com ex-alunos que vêm me agradecer por ter sido parte importante de suas realizações muitas vezes me comove.

Participar de vidas, transmitindo conteúdos e, para os mais receptivos, valores essenciais, é uma possibilidade rara que o exercício de algumas atividades, ou relações, como as de família, propicia.

Ver os rostos atentos, interessados, de alunos sedentos de saber, buscando junto com o conhecimento valores éticos para a vida e, ter a oportunidade de participar, quem sabe orientar muitas de suas escolhas, é algo imensurável em termos de valores materiais.

Havia as possibilidades mais penosas? Por certo. E, cotejando-as com as mais gratificantes, tudo no terreno das possibilidades, necessário se tornava decidir.

Mas, a comparação é desigual.

Para bem avaliar, talvez precisemos medir, e medir é comparar uma grandeza com outra, da mesma natureza, tomada por unidade. Não se pode comparar, portanto, os valores éticos e de crescimento profissional e espiritual com os citados no primeiro grupo, os aspectos negativos, que podem nos preocupar e, por vezes entristecer, mas não resistem; perdem significado ao serem cotejadas com a alegria de ensinar, de ter um trabalho com resultado em escolhas de vida.

Pais e professores podem se sentir assim.

Desse modo, em diferentes atividades, sempre quis me manter como professor.

Um escritor, um palestrante, mesmo fora do ambiente escolar tradicional, são professores, pois transmitem conhecimentos, apontam caminhos, podendo ajudar pessoas a qualificarem sua existência.

Importante dizer que caminhos podem ser apontados, mas o fato de segui-los ou não, exercendo seu sagrado direito de escolha, é de cada aluno, ouvinte ou leitor.

Por isso, aqueles que me deram a oportunidade de assistir, com a devida atenção e, muitas vezes, com entusiasmo minhas aulas, os ouvintes de minhas palestras, os leitores de meus livros devem receber meu agradecimento, de alma para alma, pois é em função deles todos que continuo a ter a possibilidade feliz de ser professor.

Rebelde, diante de alguns conceitos modernosos que ensejam o pacto da mediocridade, na trilha emblemática e perigosa do "Paguei, quero nota". É um momento de transição, que passará com o entendimento da indispensabilidade da seriedade, da autoridade, do mérito e do caráter.

Mas, estava falando de um passado em que sopesava prós e contras e de acontecimentos no mundo das possibilidades, existindo como potenciais, ou falando de um agora, em que esses fatos ocorreram ou ocorrem?

Não sei. Quanticamente, matematicamente, não interessa.

Diante de uma equação em que as variáveis são tempo e lugar, elegemos arbitrariamente um tempo zero. A partir daí, intervalos de tempos positivos, substituindo a variável na fórmula, nos dirão do futuro, que sempre será um futuro de possibilidades, e o valor negativo, atribuído ao tempo, ou seu intervalo, representado por *delta t*, nos dirá de tempo e lugar no passado. Eventos potenciais ou potência transformada em ato, ondas como zona de probabilidade, ou colapsadas em corpúsculos. Não faz diferença.

Até porque o tempo, segundo Einstein, e para os que conhecem Física, é a mais teimosa e persistente de todas as ilusões.

Seja previsão feita no passado, ou acontecimento ocorrido na equação existencial, não importa. A decisão pelo magistério se manteve e se mantém.

O se manter deve ser uma decisão do agora. No momento atual, no ponto em que me encontro na trajetória.

Pois é, mas se é verdade que só decidimos aqui e agora, temos que considerar que o aqui e agora, embora seja o momento da decisão, não é o fator de decisão.

Nossos momentos de vida são cercados por entornos. A decisão, tomo agora num tempo "t" e num lugar "x" bem definidos. Mas os fatores que encaminham a decisão compõem-se de vivências passadas e projeções futuras. O passado traz as experiências, a memória, enquanto a previsão do futuro, a decisão sobre ele, representa uma projeção cuja probabilidade de colapso (materialização) podemos avaliar, sempre como possibilidade.

Pensar que o aqui e agora não é apenas um momento teórico, mas a causa e a razão de decidir, é concentrar em um ponto, em geometria um ente zerodimensional, a capacidade decisória.

Estaríamos decidindo sem memória e sem projeção. O grande atributo do ser, o livre-arbítrio, estaria reduzido a zero e com isso realizaríamos, em termos de Sartre, a transformação do *Etre* no *Néant*. Do ser no nada.

Quando falamos em decidir, num determinado ponto da linha da vida, devemos lembrar que um ponto é zero. É um elemento conceitual, sem dimensão espacial.

Para traçarmos uma linha, devemos unir pontos. Quantos? Infinitos, seja qual for o comprimento da linha e guardando uma distância zero entre si.

Aqui, paradoxalmente, o zero e o infinito estão presentes na mesma realidade.

Um conjunto infinito de pontos, comprimento zero, infinitamente próximos, distância zero, são os componentes de um segmento de reta de 10cm, 15cm, quanto possamos imaginar. Vale dizer, uma união de zeros com resultado diferente de zero e o infinito presente no finito dos segmentos de reta.

Então, mais do que ações isoladas, pontuais, precisamos da união para atingirmos resultados otimizados.

Reunião de objetivos, metas, caminhos, em cada pessoa, em cada grupo.

Daí, as equações na geometria analítica plana, por exemplo, devidamente interpretadas, permitem a localização de eventos e a previsão de acontecimentos.

Mas, nesta vida, novas variáveis podem surgir a qualquer momento. Sua consideração pode exigir correções ou mudanças de fórmulas, a partir de qualquer instante, um tempo "t".

Precisamos estar preparados para isso, sob pena de pararmos num tempo que não para.

Ajudar a programar, formalizar a equação da vida, fazendo entender que a energia colocada em nossos objetivos deve ser infinita, para conseguirmos com a união de infinitos pontos de distanciamento nulo entre si, construirmos uma trajetória, ou fazer ver que é possível o salto quântico de um nível para outro, sem passar pelos infinitos níveis intermediários, ajudar a distinguir uma situação da outra é ser, realmente, professor.

Isso depende menos de um diploma do que da capacidade de transmitir conhecimentos e orientações, que consiste numa forma mais sutil e duradoura de fazer o bem, ou, se quisermos assim dizer, numa forma de exercício de fraternidade, de caridade, de amor ao próximo.

Nesse sentido todos estão convidados a serem professores e a colher os frutos desse apaixonante exercício de amor – os mais preciosos serão imateriais –, transmitindo conhecimento, orientações e ajudando a montar projetos de vida, sempre com alternativas, sem esquecer a essência do ser: o espírito em permanente evolução. Concluindo, revivendo o passado, sempre presente, ao qual não posso deixar de acrescentar, aqui repito e mais uma vez agradeço, comoventes declarações de ex-alunos e de leitores, sobre o que lhes pude fazer de bem, ensinando, acredito que deveríamos criar o verbo *professorar*, e estou certo de que todos podemos conjugá-lo. É um verbo que ao ser exercido felicita a alma.

Então, aqui e agora, juntando passado, presente e futuro nesse amálgama de instantes que é a vida, em relação a ser professor, minha decisão é: vou continuar a escrever, a fazer palestras, a dar cursos, a ministrar aulas; enfim, vou continuar a exercer a atividade que me gratifica: ser Professor.

Prazer.
Moacir

Prólogo

Depois de vários livros editados, pensava num tema para este.
E me lembrei de um dado importante.
Entendo que nosso objetivo fundamental de viver é o aprendizado. Aprender a amar e ser feliz.
Embora isso pareça estar inscrito em nossa consciência, nós mesmos criamos obstáculos à nossa realização, empecilhos estes que se manifestam em todos os nossos planos de atividade, do negocial ao pessoal, com evidente manifestação em nossa essência espiritual.
Se somos criados para o progresso, para a conquista, para a superação, de tal maneira que em pouco tempo passamos da caverna para o satélite artificial, o que impede nosso sucesso pessoal? Que elementos nos prendem a uma visão pessimista do homem e do mundo, quando tanto já realizamos e a sinalização histórica nos aponta para maiores conquistas ainda?
É nossa intenção identificar algumas cordas que nos prendem e se transformam em fatores impeditivos de nosso progresso.
Uma vez surpreendidas amarras, muitas vezes travestidas de instrumentos necessários à nossa própria segurança, ou pregadoras da necessidade de sofrer para o resgate de falsas culpas, vamos identificar algumas delas e ter a coragem de cortá-las.
Por isso, diante de muitas situações, faremos o convite: *Corta a Corda!*

Corta a corda

Pois, vamos começar com uma história, que circulou na Internet e que dá o título a este livro, ensejando várias argumentações e comentários.

Um alpinista, que se aventurara sozinho, foi surpreendido pela noite, em pleno retorno de sua escalada à montanha. Num dado momento, na noite gelada, falseou o pé, perdeu o apoio e despencou no vazio, sendo salvo por uma corda que havia amarrado à montanha e a seu corpo, dela ficando pendente na escuridão e no frio.

Sem ter onde se apoiar, pendulou no espaço, seguro somente pela corda e, desesperado, como soe acontecer com tantos em tais situações, apelou a Deus.

— Deus, ajuda-me, por favor, bradou com toda a voz que lhe restava.

Silêncio absoluto; sensação de vazio e impotência, frio a gelar-lhe os ossos, como repetidamente se ouve na expressão popular.

— Deus, me ajuda, por misericórdia, bradou novamente.

Quem sabe a troca da posição do pronome oblíquo, o *me ajuda* ao invés do *ajuda-me*, soaria melhor aos ouvidos do Senhor, apesar de possível erro gramatical envolvendo o sinclitismo pronominal. Talvez o *por misericórdia* no final da exclamação fosse mais convincente, uma vez que tanto se fala em Deus misericordioso. Isso tudo, dentro do pressuposto de que o Senhor, muitas vezes negado em sua vida, de existência discutível, segundo a pouca fé do alpinista, existisse.

Mas, naquela hora a existência de Deus deixava de ser um problema filosófico ou metafísico e se tornava uma necessidade contingente.

Pois, para surpresa do alpinista, não se sabe se pela troca da ordem dos pronomes oblíquos, ou pelo acréscimo da palavra misericórdia na imprecação – discussão que aliás não interessava no momento –, após a segunda súplica, o montanhista ouviu uma voz firme e grave, dizendo:

– Se queres que te ajude, corta a corda!

– Senhor, disse o alpinista, não querendo de forma alguma criticar uma atitude do Todo-Poderoso, devo dizer-Lhe, com antecipado pedido de desculpas pela franqueza, motivada por minha situação de desespero, não é hora de brincar, mesmo para o senhor do tempo, que dita o destino das horas, determinando seu fado e o dos que delas dependem. Ajuda, por favor.

E tornou a escutar:

– Se queres que te ajude, corta a corda!

Entre cortar a corda e provavelmente esborrachar-se no final da queda contra o solo, desafiando uma lei – que sabia ele, pelo esporte que praticava, estava em pleno vigor –, que é a lei da gravidade, imutável, permanente, insensível, e ficar suspenso no ar, esperando um milagre, embora tivesse instruções expressas do Senhor de todos os milagres, nada fez.

Na manhã seguinte, pessoas que passavam pelo lugar, depararam-se com a visão de um alpinista morto, enregelado, em consequência de uma hipotermia prolongada e progressiva, suspenso por uma corda amarrada à sua cintura, a cerca de quarenta centímetros do solo.

Vivo estaria se, obedecendo à voz daquele por quem clamava, houvesse feito sua parte: cortar a corda.

Essa história é muitas vezes examinada sob o âmbito da fé, e o morto é criticado quando se atribui a uma inexplicável falta de fé sua inação em não cortar a corda. Afinal, ouvira ele uma voz, que só poderia ser a do Senhor por quem bradava, dando-lhe uma instrução subsequente às suas súplicas. Mas não o fez; vacilou, embora tivesse tudo para crer.

Só que esse tudo é relativo e há situações semelhantes no jogo tão bem jogado pela dúvida entre o crer e o não crer, em diferentes situações existenciais, ou em horas de questionamento sobre a origem do Universo e as razões do ser, em que a voz a ser ouvida é a da razão, associada à intuição, norteada pela fé raciocinada.

A voz da verdade só é ouvida pelos que a amam e sabem buscá-la. Pelos que sintonizam em sua frequência.

Há, no entanto, outro aspecto que também sobreleva no exame do metafórico caso em foco.

O dualismo das propriedades das coisas. A dificuldade de entender o bom ou o mau, o bem e o mal, em termos absolutos.

Sabemos pelas contemporâneas conclusões da filosofia e da ciência que isso é impossível.

Vislumbra-se, com clareza palmar no caso em epígrafe, que um instrumento físico pode ser de salvação ou de morte. O que importa não é o instrumento em si, mas, sim, o saber usá-lo ou dispensá-lo no momento adequado.

Tudo está na percepção do momento; tudo reside, nos instrumentos de percepção, em três pontos vitais: a capacidade, a acuidade do instrumento e a leitura que o observador faz das informações daquele, o que pode indicar a melhor posição a tomar em cada instante ou circunstância.

Por isso existem cordas que nos açoitam e cordas que nos dão segurança. E mesmo as que nos dão segurança poderão ter seu corte necessário, segundo a situação vivenciada.

O cordão umbilical é indispensável à sobrevivência do feto na vida intrauterina. É por ele que o feto recebe o sangue, com baixo teor de oxigênio, devendo, por isso, circular mais rapidamente, e também os nutrientes necessários a seu desenvolvimento. Sua ruptura, na vida embrionária, seria letal.

Mas, logo após o nascimento, uma das primeiras providências a serem tomadas pelas equipes que realizam o parto é o corte do cordão umbilical.

Nasceu o bebê. Queres que ele sobreviva, *corta a corda*. Talvez, se o bebê pudesse ser consultado, sabendo que o cordão era indispensável à sua vida, poderia não entender o que é válido na nova dimensão em que se encontra, no novo paradigma, e optar pela manutenção do cordão íntegro, pois isso representa sua possibilidade de manter-se vivo.

Talvez, diante dos ruídos excessivos, da claridade que fere os olhos, do incômodo atrito com roupas e lençóis e da temperatura nem sempre agradável, somada a uma gravidade mais atuante, pois sem a oposição do empuxo exercido pelo líquido da bolsa d'água, optasse por voltar à vida intrauterina.

Mas, é preciso evoluir sempre. É uma lei, uma volição do ser humano que o impele a atos de coragem, a sair de universos de conforto temporários e imperpetuáveis, para enfrentar desafios e, só assim, tornar-se um vencedor, digno de realizar grandes conquistas, em novos e mais amplos horizontes, embora muitas vezes inóspitos e desafiadores. Mas é assim que o homem transforma pedras em casas, ferros em navios e realiza seu papel de coconstrutor do próprio universo, senhor do destino de sua raça: a raça humana.

Sem a coragem de sair de um conforto necessário apenas numa determinada circunstância e cortar a que antes era a corda da vida, o cordão umbilical, a vida não seria possível. Há o momento em que a corda que garante passa a ser a corda que aprisiona. Nesses casos é preciso saber o momento de cortá-la.

As embarcações à beira do cais precisam de grossas cordas, as amarras, para que com o balanço das águas não se danifiquem pelo entrechoque com as paredes. Amarradas, balançam menos, permitindo o embarque e desembarque de carga e passageiros.

Mas o navio pode apenas namorar as paredes do cais. Um namoro às antigas, respeitoso, em que as carícias não vão além de algumas encostadelas mais ou menos prolongadas. Algo como afagos inocentes e beijinhos.

Entretanto, só isso não satisfaz a natureza das naus. Navios foram feitos para viajar, para se deslocar nos mares sulcando ondas, numa paixão mais forte, com algo de selvagem, e buscar sempre um novo destino. Não foram feitos para a inércia de repouso. Sua alma conquistadora impele a carcaça para movimento, ação e novos portos.

Para tanto, para realizar sua vocação de origem, a busca de seu projeto de vida, têm que romper as amarras. Têm que soltar ou cortar as cordas e prosseguir viagem, para sua própria realização essencial.

Nós, humanos, também temos que romper muitas cordas. Algumas, em determinadas circunstâncias trazem, pelo menos, a sensação de segurança, mas sua função deve ser permanentemente questionada, para sabermos se não é chegada a hora de cortá-las. Outras devem ser cortadas assim que nos dermos conta de sua existência.

Dogmatismo, racismo, preconceito de qualquer ordem representam as cordas inúteis, das quais se quer nos deveríamos aproximar e com as quais, consequentemente, jamais deveremos pensar em nos amarrar.

O medo, e principalmente o de errar, pois o erro faz desmoronar o prédio da onipotência, o medo de amar, que impede o exercício da mais divina das funções humana, o amar, e outros tantos que impossibilitam a busca e consecução do projeto de descoberta e realização do ser integral são cordas que nos impedem a evolução e a ousada atitude de dizer não aos obstáculos, superando-os ao invés de chorar nas suas fronteiras, num exercício de vitimismo e impotência.

É preciso ousar para mudar, para transformar, para romper os muros dos velhos paradigmas, indo muito além de suas limitações. É preciso ter a curiosidade de Eva, a lendária figura do lendário paraíso, para incentivar Adão a romper a corda da ignorância e passar de uma vida praticamente intrauterina para um mundo novo, que exigia coragem de seus invasores.

Seria um mundo de dificuldades, mas de conquistas, em que a impossibilidade de percorrer muitos quilômetros em poucas horas seria superada pela criatividade que levou à invenção do automóvel, do avião e do trem-bala.

A proibição relativa a certo fruto era um teste do Senhor às suas criaturas, para verificar se havia mesmo uma semelhança delas com o criador, que transformaria o casal original em cocriadores, ou se a nova espécie seria acomodada, dócil e incapaz de criar.

Fazendo uma lenda dentro da outra, vamos examinar os bastidores do paraíso para glorificar um inteligente ato de rebeldia, apenas aparente, pois, de fato, como disse, estava o Senhor a torcer por suas criaturas para vê-las contrariarem paradigmas e usando o livre-arbítrio, fazer a melhor escolha, demonstrando uma vocação de não se submeter a dogmas.

Mas vamos lá. Vamos aos bastidores do paraíso e recuperar as imagens do criador e das criaturas.

No paraíso

A história começa com absoluta genialidade
"Faça-se a luz", e a luz se fez.
 Séculos de pesquisa científica e o homem a partir de equações matemáticas e sua interpretação desenvolve a Teoria das Cordas, e a humanidade, através dos cientistas de ponta, entende que tudo começou com a luz, que a matéria resulta de vibrações eletromagnéticas de filetes energéticos, sendo, por consequência, filha da luz.
 Aí, cria o Senhor o paraíso: lugar maravilhoso, de tranquilidade, clima agradabilíssimo, paz, harmonia entre as espécies, momento em que o biógrafo do criador e historiador da criação literalmente viajou no tempo, narrando que os primeiros animais que povoaram a terra correspondem às mesmas espécies de hoje. Pobres dinossauros, esquecidos. Hoje, sabidamente, extintos.
 Saltos quânticos na dimensão tempo à parte, vamos aos principais atores do drama do paraíso: Adão e Eva.
 Deu-lhes o Senhor o paraíso como *habitat*. Por ali, sem qualquer tipo de preocupação e, também sem qualquer possibilidade de mudança na história, vagaria o casal primitivo, com tudo à sua disposição.
 Os biógrafos tradicionais, que viviam juntos e separados do casal ao mesmo tempo – não me perguntem onde, talvez num universo paralelo, com outra escala temporal e liberdade para ir e vir nos *worm holes* –, em sua maioria são concordes em afirmar que o Senhor tudo permitiu ao casal.

Era o casal, se não proprietário, usufrutuário do paraíso, com uma única proibição: comer do fruto da árvore proibida. Os mais versados na tradução do paradisês entendem que o nome exato da árvore seria *árvore do bem e do mal*.

Eva e Adão não tinham a menor noção do que seria o bem e o mal. A descoberta, segundo mais tarde se evidenciou, só ficaria realizada para quem comesse o fruto da árvore, ou, como prefeririam os arcadistas, para quem comesse *do fruto da árvore*. Parece que esse *do* tradicionalmente empregado, indica o conteúdo comportamental do fruto; um conteúdo não físico, não objetivo em si mesmo, mas transmissível como conhecimento a quem comesse o fruto.

Eva, em suas caminhadas noturnas, gozando o clima paradisíaco do paraíso – com perdão da redundância –, tinha, por vezes, olhando para a árvore, estranhas visões que não sabia bem interpretar. Algumas dessas visões traziam-lhe, por intuição, sensações agradáveis, enquanto outras aportavam um quê de tristeza e até mesmo de indignação. Seria talvez um vislumbre de avanços civilizatórios e de guerras, de mensagens proferidas por arautos da paz ou por mensageiros do ódio; enfim, coisas que só muitos anos ou séculos mais tarde poderiam ser interpretadas.

Poderiam? Seriam acaso aquelas sensações de felicidade ou mágoa diante de visões do futuro algo exclusivamente inteligível através do conhecimento do bem e do mal, entendimento somente alcançável por quem provasse do fruto proibido?

Desagradariam o Criador se o fizessem. Desagradariam? E se não o fizessem, jamais teriam uma consciência ética? Mas a consciência ética seria vantajosa? Não traria em seu bojo a necessidade de dizer sim a alguns impulsos, mas não a outros?

A escolha era difícil, mas as consequências se tornavam mais e mais previsíveis, não no sentido de serem explícitas – de explícito havia apenas a proibição do Criador –, mas no sentido de saber o que eram as emoções intuídas por Eva relativamente a sentir-se bem ou mal diante de certas visões que seriam do futuro. E falando no devir, um futuro determinístico, de um homem mero espectador do universo ou um futuro probabilístico, desenhando-se a partir da vontade e da ação do homem, então não mais o bichinho de estimação preferido dos anjos, mas um coconstrutor do amanhã, com todas as responsabilidades inerentes? Mas o que era exatamente ter responsabilidade?

Ninguém no paraíso sabia, mas talvez houvesse uma única maneira de saber. Mas valeria a pena a desobediência e o enfrentamento da possível fúria do Criador?

Foi um longo tempo, numa escala completamente distinta da atual, de troca de ideias entre o casal. Às vezes dominava o plano decisório, uma reação antidogmática do tipo: por que submeter-se a uma proibição imotivada? Noutras ocasiões parecia predominar a ideia de conforto, de não mexer no modelo, de não contrariar o paradigma vigente, de viver um descansar pleno, sem preocupações, mas também sem conquistas.

Por óbvio, terminaria extremamente monótono, principalmente se considerarmos o fato relevante de que o casal não tivera infância, sendo assim carente de uma série de descobertas que parecem ser a vocação das crianças. O perguntar *por quê*?

E coube a Eva, como mulher, pois as mulheres são sempre mais curiosas, mais buscadoras do progresso e incentivadoras de seus companheiros, incentivar Adão a quebrar paradigmas, a romper cordas, a terminar com o marasmo, comendo o fruto da árvore do bem e do mal.

E se disséssemos: Comendo do fruto... a sabedoria?

A consequência imediata estava predeterminada. Seguiu-se o *script*, e o Criador cumpriu a ameaça. Expulsão do paraíso. Acabou a moleza. Trabalhar para prover o sustento.

Castigo? Pois, para mim, aí reside a sutileza do Criador, que, como Ser infinitamente inteligente, só poderia ser infinitamente sutil. De sua verdadeira intenção, testar a qualidade do produto homem, nem os anjos sabiam.

Examinemos:

Falou o Senhor, no ato da expulsão, que o homem ganharia o pão com o suor do seu rosto; que haveria dificuldades, obstáculos, dores, mas, examinando bem, nesse momento da expulsão, consequente à desobediência quanto ao fruto proibido, o homem se inseria na *Lei do Progresso*.

O Senhor – e nem aos anjos relatou –, ficou feliz pela escolha de suas criaturas.

Provaram elas, através de sua decisão, em que utilizaram o livre-arbítrio, que de fato correspondiam à intenção do criador, que pretendeu, conforme disse, fazê-las à sua imagem e semelhança.

A escolha era: permanecer no paraíso, com uma consciência extremamente limitada, sem a dificuldade que impulsiona o desenvolvimento e o progresso, em estado permanente de dependência, ou acreditar ser capaz de construir o próprio destino e questionar a si e ao Universo com as perguntas instigadoras da Filosofia.

Não há dúvida de que a escolha foi excelente e agradou ao Senhor. Suas criaturas pensantes, na experiência com o pequeno planeta Terra, haviam optado pela liberdade, pela criatividade e, principalmente, pela possibilidade de desenvolver as bases da ética.

Se não, vejamos.

O casal raiz não tinha noção do que era o bem e o mal.

A serpente, que não mentiu em toda a sua fala, ao tentar convencer Eva a comer do fruto da árvore proibida, disse: "Deus bem sabe que no dia em que dele comerdes, vossos olhos se abrirão, e sereis como deuses, conhecedores do bem e do mal". Está no Gênesis 3-5.

Ora, saber a diferença entre o bem e o mal é exatamente conhecer a ética.

Para um leão, devorar um cordeiro ou uma criança não traz qualquer problema de consciência.

Para o homem, a partir do momento em que decidiu, via fruto proibido e suas propriedades, conhecer a diferença entre o bem e o mal, a diferença é abismal. Passou a existir no conhecimento humano uma das mais importantes noções que devem nortear sua existência: a noção de moral.

Na verdade, podemos concluir entre lendas e argumentações que a escolha do primeiro casal foi extremamente adequada. Foi muito importante ter comido a maçã. Com esse ato o ser humano adquiriu a possibilidade de ser cocriador, de desenvolver o gênio inventivo, de criar máquinas para superar suas limitações físicas, como a de voar, por exemplo, e aprendeu a valorizar o trabalho.

No paraíso não haveria a necessidade de escolhas éticas, não haveria o monumento à grandeza do espírito humano que foi a Proclamação dos Direitos do Homem e do Cidadão.

A opção pela luta foi a confirmação da semelhança com o Criador, intenção original deste na criação. Sua criatura deveria ter a força suficiente para superar as dificuldades e, como vemos pela História, estaria em permanente contato ou confronto com a ética.

Nesse preciso sentido de ética, devemos entender, para não resvalarmos para o fanatismo em qualquer atividade que há princípios perenes, mas não imutáveis, quer dizer, não dogmáticos.

Isso significa que os princípios éticos, ou apresentados como tal, não devem ser seguidos apenas em função do chamado argumento de autoridade, do tipo: "O guru de plantão disse, então é verdade".

As doutrinas mais avançadas, entre elas a doutrina espírita, propõem uma moral dispositiva, em substituição à velha moral repressiva. Moral cujo eixo de autonomia, segundo Kant, é constituído pela autonomia da vontade.

Quer dizer: Examina bem as proibições, que constituíam a base da moral repressiva, de religiões e estados totalitários, em que a maioria dos preceitos começa por "não", e verifica se esse não é um indicativo de conduta, ou uma corda que apenas limita o espaço a ser percorrido.

Voltando à maçã.

A maçã – convencionou-se dizer que era ela o fruto proibido – foi a grande benfeitora da humanidade.

Apesar de ser frequentemente utilizada como artefato de bruxas para prejudicarem seus inimigos, sabe-se que é uma fruta muito boa para a saúde. Há, até mesmo o dito inglês: *An apple a day keeps the doctor away.*

A maçã também ajudou, como que tentando recuperar sua imagem detratada, na descoberta da Lei da Gravidade. Foi uma maçã caída na cabeça de Isaac Newton que o levou a enunciar, após vários estudos, a Lei da Gravidade.

E, se a maçã permite distinguir entre o bem e o mal, é possível concluir que quanto mais maçãs comermos, mais clara para nós, humanos, estará a diferença.

Sendo assim, vamos obrigar os donos do poder a comer muitas maçãs. Vamos brigar para que parte de nossos impostos sejam usados para comprar maçãs, de ingesta obrigatória, para os representantes de todos os nossos poderes, e vamos agradecer a intuição e coragem de Eva e Adão, pela noção de ética que já nos foi possível desenvolver, e que certamente inclui a Ética a Nicômaco.

Aristóteles presenteou a seu filho um tratado de ética. Pode haver maior presente? Deus colocou a curiosidade, a vocação para criar, no espírito de Adão e Eva, lançando um desafio sutil: conforto sem progresso ou lutar para crescer.

Eva talvez tenha até mesmo inventado o discurso da serpente para impulsionar Adão a uma atitude corajosa. A mulher foi, naquele momento, a mão que cortou a corda; que impulsionou o homem a abdicar do cordão umbilical para prosseguir adiante, mesmo com os sacrifícios inerentes ao atingimento de novas conquistas.

Cortando a corda da proibição, nós, um futuro sempre presente, saímos do cercadinho paradisíaco e partimos para a conquista de um novo mundo, enquanto já ensejamos largos passos para a conquista de outros.

Adquirimos a capacidade de criar, de diferenciar o certo do errado, de buscar a verdade que liberta, sem perder de vista a historicidade da verdade, cuja mutabilidade, em sua conceituação, é um aviso para não resvalarmos para o fanatismo.

Nossa compreensão do Universo, da vida, do bem e do mal se altera com nosso ângulo de visão, e se aperfeiçoa na medida em que crescemos na capacidade de ver o todo.

Falemos um pouco sobre verdade, para, depois, enfrentarmos o exame de nossa mais marcante característica, conceituando-a e determinando um caminho para seu exercício: a criatividade, ou, melhor dito, o ato de criar.

A verdade e sua busca

Segundo Aristóteles, a verdade consiste em "dizer do que é que é e dizer do que não é que não é".

Vemos que, para o filósofo grego, criador da Lógica, em seu entender, a serviço da linguagem, a verdade consiste numa equivalência entre o que se diz de algo e o que algo é. Traduz uma adequação entre intelecto e coisa.

Tal conceito de verdade, essencialmente ligado à descrição de objetos e fatos, é ferramenta indispensável na esfera do Direito, especialmente no exame de provas testemunhais, em que a aplicação direta do conceito valida ou não o testemunho apresentado.

Mas, quando se trata de conhecimento científico, da criação de conhecimento, há vários métodos aplicáveis, para se chegar a algo, tentar descobrir sua essência, para poder dizer dele o que é e o que não é.

Trata-se dos caminhos que, validando a lei, permitem dizer do objeto, então conhecido, sempre dentro de certos limites, suas propriedades, em consonância com o critério aristotélico de verdade.

Esses caminhos, métodos, são eleitos em função da natureza do objeto estudado.

Assim temos:

Dedução: o método mais usado nas ciências formais, que parte do geral para o particular

É um excelente caminho para a demonstração de verdades, utilizado em larga escala na geometria. No entanto, em relação à busca do conhecimento, verdade, pode-se dizer que a dedução não gera conhecimento novo. A verdade está na hipótese que se demonstra, ou nas premissas do silogismo. O método permite validar algo, conhecimento, que é suposto como hipótese, mas não cria conhecimento.

Indução: Faz o caminho inverso; vai do particular ao geral. É um método observacionista, apropriado ao exame de objetos físicos, não aplicável, por óbvio, a objetos formais.

Podemos, por exemplo, observar uma certa massa de um gás qualquer e verificar que com o aumento de temperatura esse gás se dilata. Podemos observar outro tipo de gás e chegar à mesma conclusão.

Assim, da observação de um número cada vez maior de exemplos, chegamos a uma conclusão geral, vale dizer, uma Lei Física, uma Verdade, em relação ao comportamento dos gases na ocorrência de elevação de temperatura.

Entretanto, ocorre um problema: Por mais modelos que observemos, nossa observação sempre se embasará num número finito de exemplos, sendo a conclusão supostamente válida para todos ou tudo, vale dizer, um número infinito.

Sempre que saltamos de um número finito de observações para uma conclusão geral, de integral abrangência, realizamos um verdadeiro salto no escuro, chamado *salto de Hume*.

Por maior que seja o número de observações, ao saltar do muitos para o todos, terá ocorrido o risco inerente ao *salto de Hume*. É por isso que, ao formular uma hipótese, ao intuir uma lei científica, o cientista procura não apenas experiências que a confirmem, mas, principalmente, exemplos que possam ab-rogá-la, pois do desmentido de uma crença velha surge conhecimento novo.

Assim, qualquer hipótese que não admita contraprova não é considerada hipótese científica. É preciso testar para confirmar ou negar e as hipóteses não testáveis não são científicas.

Às vezes a não corroboração de uma hipótese desilude, mas desiludir-se faz muito bem e mostra um espírito aberto e não preconceituoso, até porque quem se desilude estava iludido e o viver nas ilusões científicas, sociais, políticas é viver no engano. Arrancá-lo, admiti-lo, às vezes é doloroso, mas absolutamente necessário para o avanço em qualquer área da atividade ou do conhecimento humano.

Há, ainda, a **abdução**, outro método que gera conhecimento novo.

Ao utilizá-lo, o pesquisador postula a existência de determinado objeto e lhe atribui propriedades.

Muitas vezes essa postulação decorre da interpretação de equações matemáticas, como foi o caso do antielétron e do Bóson de Higgs.

A seguir, o cientista examina as consequências de sua postulação, quer dizer, verifica como deveriam se passar as coisas, na hipótese da existência do objeto postulado, e como elas se passam dentro do que nos é dado observar, e chamamos realidade.

O objeto postulado explica os fenômenos observados?

Embora não seja fortemente descritiva, a abdução tem sido aplicada com frequência nas ciências contemporâneas, entre elas a Linguística e a Física.

As supercordas são uma postulação, hipotetizada, a partir das equações de Euler, que explica a formação de tudo no universo, a partir da vibração de filetes de energia, sem contradição com tudo o que é observável, embora as supercordas, com onze dimensões espaciais, sejam carentes de materialidade.

Poderia o mesmo raciocínio ser aplicado à consciência, espírito, princípio inteligente, para explicar o homem no mundo?

É, pelo menos, algo a ser pensado.

E pensar é preciso para encontrar a verdade que liberta.

Despir-se de preconceito é necessário para que, entendendo coisas e pessoas, consigamos, mesmo tendo muitas vezes que mudar de ideia ou paradigma, pela aceitação e não negação dos fatos, ser porta-vozes da verdade, dizendo DO QUE É, QUE É, E DO QUE NÃO É, QUE NÃO É.

Mas, retornando à verdade e sua busca e ao "procurai a verdade e ela vos libertará", há algo importante a ser pensado.

A simples procura da verdade já é um chamado à libertação.

Só se procura aquilo que ainda não se encontrou, pelo menos em sua totalidade. Os pretensos donos da verdade param de buscá-la, porque, em seu entender limitado e limitante, já têm dela o pleno conhecimento.

Esquecem-se de que, em todos os ramos do conhecimento humano, a ciência nos mostra que conceitos tidos como verdades absolutas cedem lugar a outros pelo aperfeiçoamento da investigação.

Os fundamentalistas, os seres fanatizados por qualquer ideologia, política ou religiosa, recusam-se a vivenciar a lei do progresso. Amarrados a preconceitos, acreditando, muitos deles, terem recebido, num momento qualquer da história, a revelação direta do próprio Criador, não admitem qualquer reexame, por tímido que seja, em seus dogmas.

Aliás, se o próprio Deus lhes narrou pessoalmente a verdade, como pode um humilde ser humano colocá-la em dúvida?

Por não cortar a corda que os impede de avançar na busca de aperfeiçoar o conhecimento, ficam amarrados a preceitos dogmáticos, próprios da conceituação dos totalitaristas e, presos a essas amarras mentais, recusam o progresso, negam evidências, por considerarem que seu jardinzinho, descrito num manual qualquer, é todo o infinito.

É verdade que, quanto mais conhecemos, quanto mais cortamos as cordas que nos prendem ao dogmatismo, parceiro querido e fiel da ignorância, mais nos aproximamos da verdade.

Mas, surgiria a pergunta: em termos de verdade, se considerarmos o infinito, ao crescermos, por exemplo, de um patamar 10 para um patamar 20, nossa distância ao infinito continua a mesma.

É verdade. A distância do 10 ao infinito ou do 20 ao infinito é a mesma. Ao negativista pareceria que dessa constatação se poderia deduzir a inutilidade do progresso, a própria negação do avanço.

Mas, por outro lado, não se pode negar que 20 é maior do que 10.

Assim sendo, embora não atinjamos um nível infinito, deixando de ter como alvo o impossível, que seria apenas uma desculpa para a inércia, entendemos que é sempre possível alargar horizontes e ampliar conhecimento. Nisso consiste a busca da verdade, que é, em seu próprio buscar, um exercício de liberdade.

Isso sempre exigiu coragem dos buscadores. Coragem de dizer que a terra não era o centro imóvel do universo; coragem de desafiar eventuais monstros marinhos aventurando-se em zonas desconhecidas para com eficiência mapear os oceanos; coragem para dizer que havia micro-organismos invisíveis capazes de causar doenças; coragem para dizer que o átomo invisível era extraordinária fonte de energia; coragem para dizer que uma partícula quântica pode estar em dois lugares ao mesmo tempo; coragem para dizer que somos espíritos reencarnados em contínuo processo de aprendizagem; coragem para cortar cordas das mais diversas naturezas, como aquela que prendesse o filhote da águia à escarpa da montanha, sob o pretexto de lhe dar segurança, porque um dogma dizia que águias não voam.

Admitir a historicidade da verdade, questionando sempre, permite atualizar conhecimento.

Podemos, eventualmente, em nossa busca permanente, tomar um rumo equivocado, mas, se entendermos que a busca não termina, nela mesma encontraremos novos caminhos e revisaremos o dado como conhecido, para aperfeiçoá-lo, ou mesmo substituí-lo.

É só por isso que a pesquisa científica nunca para. Em ciência, jamais podemos colocar um ponto-final. Sempre haverá espaços para novas conquistas e descobertas.

Por isso, o cientista, ao formular uma nova teoria, não busca somente experiências capazes de comprová-la, mas procura essencialmente a experiência que possa falsear sua hipótese, para não generalizar de modo equivocado. Há um ceticismo razoável sempre presente. É melhor descobrir o engano a tempo, e quanto mais cedo melhor, do que percorrer, guiado pelo erro, um enorme caminho que exigirá um grande dispêndio de energia em seu retorno, para retomar o mesmo ponto de partida.

Sabemos que toda a teoria científica que não pode ser falseada, quer dizer, não admite uma contraprova, não tem qualquer chance de ser validada.

Por exemplo: se alguém, num determinado momento afirmar: "Meu quarto está cheio de fadas invisíveis", essa afirmação jamais será considerada científica, porque não pode ser falseada, quer dizer, não existe nenhuma experiência que possa demonstrar que a afirmação é falsa, logo a contraprova é impossível, o que invalida, no plano da ciência, a hipótese.

Einstein, em sua teoria, afirmou que a luz possuía massa e, consequentemente, poderia ser atraída por grandes corpos celestes. Assim, um raio luminoso, ao passar perto de um corpo celeste de grande massa, sofreria um desvio, uma deflexão em sua trajetória. Eclipse observado no Brasil confirmou a teoria, mas a experiência permitiria também provar que a teoria era falsa. A experiência permitiu observar raios de luz sendo desviados de sua trajetória retilínea, passando perto de grande concentração de massa. Mas a observação do fenômeno permitiu a contraprova. A observação mostraria se o raio de luz seria desviado ou não; poderia ser evidenciada a contraprova e, só por isso, a teoria se transformou em conhecimento científico.

A descoberta científica requer dedicação, foco, paciência, elaboração da experiência, pergunta adequada, para a resposta esclarecedora.

Relativamente à comprovação ou não da teoria de Einstein sobre a luz, os cientistas começaram a montar um mecanismo apropriado para perguntar à natureza. Chegaram à seguinte conclusão:

Como a luz não pode ser fotografada diretamente, poder-se-ia verificar se ela se desvia ou não ao passar perto de corpos celestes de grande massa, a partir da observação de um eclipse total.

A proposta da experiência era a seguinte: fotografar estrelas à noite para observar bem sua posição e fotografar as mesmas estrelas na ocorrência de um eclipse total. Escolheram-se estrelas em posições próximas à do sol durante o eclipse e fora de sua ocorrência.

Quando as estrelas são fotografadas por ocasião do eclipse, sua luz passa por perto do disco solar. Se a luz sofrer desvio, a posição das mesmas estrelas, na fotografia, sem o eclipse e durante ele serão diferentes. A diferença na foto, uma vez que as estrelas na verdade estarão na mesma posição, deve-se ao desvio da luz, o que comprovaria a teoria de Einstein.

Podemos observar que a experiência poderia comprovar a teoria ou não. A hipótese seria negada, ao invés de corroborada, se a posição das estrelas na foto fosse a mesma.

Para isso, era preciso aguardar um eclipse total do sol e escolher o melhor ou os melhores lugares para observá-lo.

A primeira tentativa estava planejada para 2014, quando ocorreria eclipse total do sol, estando na Alemanha o lugar mais adequado à sua observação. Problemas políticos impediram o deslocamento das equipes que deveriam estudar o evento.

Em 1916, ocorre outro eclipse total e as equipes se deslocam para observá-lo, nessa ocasião na Argentina. O mau tempo não permite a observação.

Chegamos a 1919. Novo eclipse total e dois excelentes lugares para observação: a Ilha do Príncipe, na África, e a cidade de Sobral, no estado do Ceará, no Brasil.

Para os dois locais se deslocaram equipes de cientistas.

Na Ilha do Príncipe, o mau tempo impediu a tomada de fotos, mas em Sobral, finalmente, a equipe inglesa, coordenada pelos astrônomos Charles Davidson e Andrew Crommelin, encontrou condições atmosféricas perfeitas e obteve as fotografias das estrelas, num magnífico eclipse total do sol que durou cinco minutos e vinte e oito segundos.

A experiência corroborou a hipótese de massa da luz, consagrando o que em física se chama Efeito Einstein.

Podemos observar claramente que a teoria poderia ser comprovada ou não. Admitia contraprova e só por isso foi testada.

As comprovações de fatos científicos dessa importância mudam nosso modo de sentir e perceber o Universo.

A Teoria da Relatividade elidiu a pretensão da existência de um fenômeno por si só, contrariando a posição sartriana, tornando-nos menos prepotentes no sentido de querermos um conhecimento capaz de nos permitir o domínio integral sobre a natureza.

Ocorreram mudanças nas artes, com o abandono de padrões rígidos, e também no comportamento humano.

A busca da verdade, consequentemente, é permanente, exige a ruptura das cordas dos preconceitos e isso deve valer para as verdades doutrinárias, filosóficas ou religiosas.

Cabe aqui lembrar, a extraordinária percepção e o bom-senso de Allan Kardec, ao afirmar que a doutrina espírita não era uma porta fechada a novos conceitos; que seria preferível rejeitar verdades a aceitar mentiras e que se a ciência provasse o erro do espiritismo num determinado ponto, ele se reformularia sobre aquele ponto.

Não se trata aqui de fazer um proselitismo, uma doutrinação espírita, mas de reconhecer o modo absolutamente correto, progressista e racional pelo qual o codificador ensinava a buscar a verdade, cortando as amarras de qualquer procedimento dogmatista.

Estabeleciam-se os marcos da fé raciocinada, aquela que é capaz de encarar a razão face a face, em qualquer época do desenvolvimento e do progresso.

Ora, em todos os terrenos a mudança de paradigma tem reflexos importantíssimos.

Na Física, evoluímos do modelo mecanicista, do tudo está previsto, do universo máquina, para o modelo quântico-relativístico.

E nesse novo mundo, de campos invisíveis, de imprevisibilidade, de comportamentos bizarros de partículas e de influência do observador sobre os objetos quânticos, como estamos agindo?

Em nossas famílias, escolas, associações, empresas, não estaremos reincidindo nas velhas fórmulas superadas para o agir num mundo novo?

Vamos examinar essa questão.

Fazer o novo com o velho?

O físico Basarab Nicolescu, criador do movimento da transdisciplinaridade, pergunta: "De onde vem essa cegueira, de onde vem essa teimosia, de sempre querer fazer o novo com o velho?"

É uma pergunta instigante e que muitas vezes permanece irrespondida e, em muitíssimos casos, se revela absolutamente pertinente.

Temos que buscar maneiras mais simples de liderar grupos, organizações, de modo a gerar menos tensões do que as decorrentes de nossas práticas atuais, muitas das quais nos mantêm maniqueístas, apegados a uma única dualidade de respostas possíveis diante de cada problema: verdadeiro ou falso; bom ou mau; certo ou errado.

Há um modo errôneo de interpretar a incerteza, a imprevisibilidade, que nos leva a entender que organizar a vida, as pessoas em grupos, as empresas, é algo inerentemente impossível.

Mas a escritora Margaret Wheatley afirma crer, em vez disso, que nossos modos atuais de organizar estão ultrapassados e que quanto mais tempo permanecermos apegados – pode-se dizer amarrados – a nossos modos convencionais de agir, tanto mais nos afastaremos dessas maravilhosas brechas na compreensão criadas pelo mundo da nova ciência.

Percebe aí a autora a advertência de Basarab Nicolescu sobre a estupidez de sempre querer fazer o novo com o velho.

Decorre de um falso sentir de segurança daqueles que fizeram sempre a mesma coisa, pelo mesmo caminho e estão tão obstinados pelo seu fazer que acreditam, mesmo sem razão para tanto, que estão obtendo bons resultados e que melhores do que esses, por novos caminhos, embora nunca os tenham tentado, é impossível.

Isso foi sentido pelos físicos quando perceberam um novo mundo, completamente diverso daquele a que estavam acostumados, desafiador e imprevisível, a exigir profundas reformulações conceituais.

Foi a sensação de extremo desconforto com respostas que revelavam um mundo surpreendente.

Eram Adão e Eva fora do paraíso, das verdades imutáveis, da rigidez conceitual.

Exigiam-se novos modelos e novos comportamentos.

Podemos avaliar parte da surpresa com o novo mundo transcrevendo aqui a história narrada por Fritjof Capra, em *O Tao da Física*, envolvendo dois dos fundadores da Física Quântica: Niels Bohr e Werner Heisemberg. Este último afirmava verificar que a Física Quântica cada vez mais se aproximava de Platão.

Vamos à narração de Capra: "No século XX, os físicos enfrentaram pela primeira vez um sério desafio à sua capacidade de entender o universo."

Quando o cientista entende que há novos desafios e não os joga para baixo do tapete, está buscando a verdade, entendendo a renovação do conhecimento e cortando a corda que o limita a um universo de falso conforto limitado pelas fronteiras do velho paradigma.

Prossegue Capra: "Todas as vezes que faziam uma pergunta à natureza num experimento atômico, a natureza respondia com um paradoxo; e quanto mais eles se esforçavam por esclarecer a situação, mais agudos ficavam os paradoxos".

Em sua luta para aprender com a nova realidade, os cientistas tomaram, a duras penas, consciência do fato de que seus conceitos fundamentais, a sua linguagem e toda a sua maneira de pensar eram inadequados para descrever fenômenos atômicos.

O problema deles não era apenas intelectual, mas envolvia uma intensa experiência emocional e existencial, como foi vividamente descrito por Werner Heisemberg: "Recordo-me das discussões com Bohr, que se estendiam por horas a fio, até altas horas da noite, e que terminavam quase em desespero; e quando, ao final da discussão, eu saía sozinho para um passeio no parque vizinho, repetia para mim mesmo, vezes e mais vezes, a pergunta: 'Será a natureza tão absurda quanto parece nesses experimentos atômicos?'."

Somente depois de muito tempo esses físicos aceitaram o fato de que os paradoxos com que se deparavam constituem um aspecto essencial da física atômica... Uma vez percebido isso, os físicos foram apendendo a fazer as perguntas certas e a evitar contradições... e, finalmente, encontraram a formulação matemática precisa e consistente da teoria (quântica).

Mesmo depois de concluída a formulação matemática da teoria quântica, seu arcabouço conceitual não foi facilmente aceito. Seu efeito sobre a concepção de realidade dos físicos foi verdadeiramente dilacerante.

A nova Física exigia profundas mudanças nos conceitos de espaço, de tempo, de matéria, de objeto, e de causa e efeito; e como esses conceitos são fundamentais para nosso modo de vivenciar o mundo, sua transformação causou grande choque. Citando de novo Heisemberg: "A reação violenta ao recente desenvolvimento da Física moderna só pode ser entendida quando se percebe que, nesse ponto, os alicerces da Física começaram a se mover, e que esse movimento provocou a sensação de que a ciência estava perdendo o chão sob os seus pés".

Verifica-se, aqui, o que várias vezes temos repetido:

Na moderna conceituação da ciência, da busca pelo conhecimento, o que importa é saber perguntar para obter as respostas adequadas.

O cientista pergunta a partir de experiências pelas quais a natureza responde. Por isso, enquanto se perguntava ao elétron como partícula, ele respondia como partícula, e se comportava como onda quando a pergunta investigava sua natureza ondulatória. A verdadeira resposta só apareceu quando os adeptos de teorias unitárias entenderam a possibilidade de uma mesma partícula manifestar comportamentos até então considerados antagônicos, em diferentes situações.

Então entendemos que quando os materialistas perguntam ao ser humano como uma máquina sem consciência, recebem as respostas desse aspecto, mas, perguntando ao lado espiritual, ético, superior, também terão contestações adequadas, provenientes dessa parte.

Daí poderão concluir com Blaise Pascal, o filósofo, matemático e físico francês, ser o homem, *ni ange, ni bête*, nem anjo, nem besta, mas um ser em formação, diríamos em evolução, podendo manifestar um ou outro aspecto.

Nossa análise sobre o ser humano, sobre nossas instituições, empresas, sociedades, associações, ainda está muito apegada ao mecanicismo. À ideia do universo previsível e, consequentemente – isso conforta os donos do poder –, controlável.

Mas, na aplicação de técnicas inadequadas à realidade do universo, estamos no contrafluxo da evolução do conhecimento. Estamos planejando e operando no real, com bases nos modelos superados, consequentemente afastados da realidade.

É como alimentar um motor com um combustível impróprio às suas características e esperar dele o funcionamento adequado.

Por isso, o conhecimento da espiritualidade humana é fundamental para tratarmos o homem integral em suas múltiplas possibilidades de manifestação.

É notória a visão setorial e o atrelamento ao modelo do universo máquina, aplicado a organizações e pessoas, quando se verifica a aplicação de processos repetitivos e inadequados para se chegar a um acordo sobre como enfrentar determinada dificuldade, sanar um problema, corrigir um rumo.

A maioria dos envolvidos acredita numa solução newtoniana, que, em última análise, indicaria um caminho único e de resultados certos, garantidos.

Assim, reúnem grupos, propõem várias soluções, mas acreditam haver uma, e somente uma, capaz de otimizar o problema. E mais, numa generalização inadequada e apressada, acreditam que tal solução, tal caminho, será sempre adequado e infalível na ocorrência do mesmo problema.

Estamos fazendo, ao agir assim, uma profissão de fé no mecanicismo, que pode levar a falhas retumbantes, principalmente quando na problemática enfrentada estão presentes componentes humanos.

A mecânica de Newton, do universo máquina, ignorou o fator humano. O observador era mero espectador sem capacidade de intervenção.

Hoje, ele é considerado cocriador, o que denuncia o erro dos procedimentos que o consideram (observador) à maneira antiga.

Nesses processos, cujos criadores desconsideram o fator humano, tratando as pessoas envolvidas como máquinas previsíveis, há duas consequências recorrentes.

A primeira é que pouquíssimas vezes se chega a uma solução satisfatória e a segunda é que, mesmo que uma solução seja encontrada, a volta do problema ocorre em pouco tempo.

A enganosa possibilidade de previsão rígida das ações humanas leva à elaboração de manuais do tipo *como vencer na vida sem fazer força, como sair da crise em dois passos, os sete, doze ou cento e quinze passos para a fortuna, ou para deixar de fumar*, e assim por diante.

Só falta aos autores de planos mecanicistas escreverem o *manual de funcionamento do ser humano*, que possivelmente encantaria muitos leitores desavisados e ávidos de um controle do ser e da vida, que com a leitura de tais manuais atingiriam verdadeiros êxtases de prepotência.

O uso só de instruções formais cria um vazio de consciência, de participação, pela falta da presença e da ação de campos invisíveis capazes de influenciar pessoas e seus comportamentos.

Por outro lado, a crença na possibilidade de um único caminho revela um desejo de controle sobre o que é muitas vezes incontrolável, embora suscetível de ser influenciado quando aspectos formais são associados à ação de campos como os criados pelo pensamento.

Há uma certa perplexidade diante de um mundo não máquina, acompanhada da ideia que nos amarra ao velho paradigma, segundo o qual se não é máquina, não funciona.

Há quem, comparando num plano mental, ao se deparar com múltiplas possibilidades, quando desejaria um só caminho já traçado, para tocar seus projetos, entre os quais a própria vida, talvez se pergunte: Onde está a chave de ignição e o volante?

Por certo não os encontrará e, habituado ao velho modelo, talvez desista do pensamento de traçar rumos e elaborar projetos.

Além da organização material que se possa dar a um grupo, a um projeto, é preciso a presença de um campo de pensamento, de uma crença na possibilidade de vencer capaz de criar influências sobre pessoas, impregnando o próprio local de atividades com energias de positividade.

Aquele professor que na aula número sete, por exemplo, desde que começou o exercício do magistério, ministra exatamente o mesmo conteúdo, conta a mesma história e, relativamente a um livro-texto utilizado, avança o mesmo número de páginas, está certamente confundindo organização com mesmice. Escravo de um planejamento rígido, da ação em um único caminho, em que pese ser extremamente organizado, transmitirá mais do que tudo uma visão de aula sem a perspectiva da criatividade e da interação.

Não se pode fazer falsas fugas.

Exemplificando:

Num passado não tão distante, os homens acreditavam que a natureza dispunha de forças mágicas para se proteger de eventuais ataques. Haveria espíritos protetores para as florestas, rios, mares que poderiam revidar agressões a seu *habitat*.

Então, temendo a reação desses seres, o homem não agredia a natureza, tirando dela, das florestas, por exemplo, apenas o necessário à sua subsistência. Buscava lenha, mas não a ponto de produzir desmatamento; caçava, mas sem colocar as espécies em risco de extinção, sempre por medo de uma eventual vingança dos protetores invisíveis da natureza.

Era um pensamento mágico e bom, pois produzia resultados satisfatórios.

Sobrevém um período de descrença. Deixando de considerar os espíritos protetores da natureza, o homem passa a agredi-la.

Desmata, polui rios, extingue espécies e acredita – de fato acreditou por muito tempo – que a natureza poderia ser agredida ao extremo, que se recuperaria.

Agora estamos diante de um pensamento mágico, a possibilidade de recuperação da natureza levada ao infinito, e ruim, pois seus efeitos são devastadores.

Pois ocorre o mesmo na visão do funcionamento do universo e das organizações.

Houve uma falsa fuga da magia. A causalidade rígida, mãe da previsibilidade, substituiu a magia tradicional, dando aos números um poder absoluto, tornando-os elementos sacramentais diferentes.

Nesse universo newtoniano estabelecemos um *podemos prever* ao invés de *podemos criar*. Essa previsibilidade povoou o pensamento de muitas doutrinas, levando-o ao outro mundo, o chamado mundo espiritual. As penas, aplicadas por um Deus vingativo, eram estabelecidas em números, bem como suas indulgências. A cada infração correspondia um período determinado de sofrimento, para purgá-la, sendo a punição muitas vezes estendida ao infinito. Era o critério de previsibilidade, que sempre traz embutido o desejo de controle, aplicado ao mundo mais sutil, numa pretensão de mando na vida após a morte, reflexo da vontade de submeter o universo as organizações e as pessoas.

É o lado sombrio do mecanicismo e do método analítico que quer fazer tudo em pedaços para, depois, a partir do exame dos pedaços, tentar explicar o funcionamento do todo.

E, por trás disso, a velha tentativa de controle. Se sabemos exatamente como tudo funciona, se tudo podemos prever, tudo podemos controlar.

Decorrente da visão de um universo em que tudo funciona e só funciona através da força, vigentes essas ideias e suas leituras num espaço de campo de influências que nos cerca, essas ondas, em ressonância com o pensamento dos absolutistas e donos do poder, gerou as ditaduras, os regimes totalitários nos mais diversos campos de atividade, dos países às organizações sociais e empresariais, passando, por óbvio, pela família.

Criou-se o empregado que cumpre suas tarefas, impulsionado somente pelo medo de perder o emprego, o filho que obedece, só pelo medo do castigo, a um pai que não admite questionamentos, o religioso que age corretamente pela pressão do medo do inferno; enfim, tudo o que caracteriza a moral repressiva.

Passamos a acreditar tanto nos números e seu poder, dentro da nova magia, que nos anos 1990, o termo *reengenharia* era o mais usado para conseguir colocar organizações num plano otimizado de produtividade.

As análises do funcionamento de empresas terminavam num aconselhamento de substituição de peças, como se pessoas fossem máquinas menores, envolvidas no funcionamento de uma máquina maior. E o problema, aparentemente solucionado, costumava retornar em pouco tempo.

É que pessoas não são máquinas, organizações não são máquinas e, portanto, não funcionam como tal, por serem parte integrante de um universo não máquina.

A solução trocar peça muitas vezes nem na máquina funciona. Para um bom resultado pode ser preciso trocar a peça, mas deve-se verificar se a peça a ser substituída possuía um defeito de origem ou se estava sobrecarregada.

E deve-se dizer mais: assim como as peças de uma máquina precisam de boas condições para funcionar, exigindo quase sempre o uso de lubrificantes adequados, os atores humanos necessitam do engajamento, da participação, da criação e da influência de campos invisíveis, que nos fazem acreditar nos objetivos propostos, sentirem-se acolhidos em seu local de trabalho, em sua família ou nos núcleos de espiritualidade que frequentam.

Numa empresa, numa família, num centro espiritual, se as vibrações são harmoniosas, se há objetivos comuns em que todos acreditam, se há entusiasmo pelas metas, as mentes são influenciadas, alimentam o campo e há um predomínio de bem-estar e vontade de participar.

Essa união de condições materiais e espirituais, em qualquer tipo de atividade, substitui o pensamento analítico, criador de posturas hegemônicas, pela visão sistêmica, compatível com o Universo quântico-relativístico, em que entendemos que mais importante do que o controle é a complexidade dinâmica do sistema.

Ao contrário, a tendência analítica é da fragmentação. Por ela criamos funções que não se inter-relacionam, departamentos e departamentos – podem ser ministérios e ministérios –, perdendo a visão do todo.

Nesse sentido, a Física contemporânea nos informa que não se pode descrever uma partícula independentemente das outras. Importa o aspecto global pelo qual os elementos se encontram e se transformam, num universo feito de relações e não de coisas.

Com essa visão, desistimos da previsibilidade e tratamos de potenciais. Ambientes diferentes e pessoas diferentes evocam algumas qualidades e abandonam outras.

Em cada instante somos diferentes; vale dizer: novos.

Platão já dissera que A&B é diferente de A+B, ao advertir que as propriedades do todo não são a soma das propriedades das partes.

E, devido a essa decomposição do todo em partes, até mesmo nos autofragmentamos, ao pensar em usar diferentes partes do ser para diferentes situações, quando dizemos, por exemplo: Qual o lado meu que vai atuar nessa situação?

Repetimos: a questão não se resume em ser, em definir, A ou B, e sim em saber qual o potencial que vai colapsar, isto é, se manifestar.

Vamos lembrar que o Universo é imprevisível e nós, também. Por isso, temos o livre-arbítrio.

A fragmentação nos limita e tem seu reflexo mais evidente na superespecialização, que levou Bernard Shaw, em tom humorístico, mas de grande conteúdo, alertando para a necessidade de, embora especializados, não perdermos a visão do todo, a dizer: "O especialista é alguém que sabe cada vez mais sobre um terreno cada vez menor, o que nos leva a crer que seu grande ideal será chegar um dia a saber tudo sobre nada".

A Física clássica criou um universo de coisas separadas. Separou o observador do fenômeno, as partículas umas das outras, postulou grandes vazios e o predomínio da força. Também foi separado o homem da natureza e nessa linha de pensamento separatista, onde o egocentrismo encaixa com perfeição, seguiu-se a separação do espiritual do material e do homem de Deus.

Criaram-se divisões que começaram com um sentido apenas didático e terminaram por serem admitidas como da essência dos fatos, chegando-se a acreditar na absurda existência de raças diferentes entre os homens, quando, em verdade, só há uma raça humana.

Mas, na ciência tradicional, o homem era irrelevante. Era máquina sem consciência, correndo sem razão pelo universo na busca única de perpetuação do DNA, obtida via supremacia e sobrevivência do mais forte.

Havia uma postura isolacionista e a crença de que tudo estava escrito, num panorama materialista, seguindo a linha de um pensamento reducionista sedutor, segundo o qual poderíamos chegar a tudo conhecer, até mesmo a mente do grande relojoeiro do pensamento newtoniano e, como consequência, a controlar tudo.

Hoje falamos na dança da energia, no princípio da incerteza, da influência da consciência do observador sobre o fenômeno observado, num universo de escolhas, em que temos livre-arbítrio e em cuja interpretação o espírito pede passagem, com a luz da fé raciocinada ocupando os vazios do materialismo.

É nesse novo panorama que átomos, pessoas e empresas devem aprender a se movimentar, sob pena de caminharem no contrafluxo da evolução.

Por isso, neste capítulo, procurando a aplicação de uma teoria elegante, aquela aplicável ao maior número possível de situações, com um mínimo de diferentes fórmulas, examinamos a influência da visão quântica nos mais variados campos de atividade, desde a empresarial, que também possui aspectos espirituais, até os conceitos da fé raciocinada e de nossa evolução espiritual.

Tudo se encaixa e complementa, na medida em que aguçamos nosso senso de observação e aprendemos a perguntar à natureza e ao homem.

Dana Zohar insiste que o diálogo da Física clássica isolou o homem ao pretender que tudo estava escrito. O mundo diferente da Física Quântica revelou o pensamento como forma de energia e nos convidou a criar, ao invés de pretender dominar.

No novo mundo somos convidados a criar. No início, apodera-se de nós uma grande estranheza, acostumados que estávamos a previsões rígidas, mas não podemos esquecer que as previsões com absoluto grau de certeza, bem como a ideia do destino, são negadoras da liberdade. São cordas conceituais que precisamos cortar para alargar nosso entendimento e mudar nosso agir.

Não podemos abandonar ou negar um caminho por nos causar estranheza, pois, se assim fizéssemos, jamais teríamos evoluído no terreno da quântica.

A mudança de paradigma causa estranheza, principalmente quando substitui certezas por possibilidades. Mas, devemos entender que tal substituição equivale a trocar submissão por liberdade, cópia por criatividade, embora alguns choques decorrentes de uma mudança radical de entendimento.

Vejamos o que diz Niels Bohr a respeito do impacto da mudança de paradigma:

– Qualquer pessoa que não fique chocada com a teoria quântica não a compreendeu,

Até mesmo Schröedinger, junto com Bohr, um dos criadores da Física Quântica, chegou a afirmar, num momento de certa inconformidade com o bizarro do novo mundo:

– Não gosto disso e lamento ter tido algo a ver com isso.

Mas, seus colegas disseram-lhe que fora ótimo que ele houvesse ajudado a perceber e criar tudo isso.

Fred Allan Wolf, físico contemporâneo, assevera:

— Se você estudar a Física Quântica a fundo e no final não se sentir um pouco mais louco, é porque você não entendeu absolutamente nada.

Não se trata aqui de um novo *Elogio à Loucura*, a extraordinária obra de Erasmo de Rotterdam, mas de reconhecer uma plena mudança de modelo, um novo universo revelado, um novo observador surgindo nele e se transformando num cocriador.

E nas alterações de ordem filosófica consequentes desse novo universo conceitual, surgirá, sem dúvida, com a coragem de enfrentar o novo e o cortar as cordas do convencionalismo cartesiano, o estudo da ciência do espírito, tão bem fundamentado nas observações de Allan Kardec e na conceituação de Leon Dennis.

Voltando às nossas organizações e de modo especial às nossas universidades, no momento do conhecer em que sabemos que o mudo não é uma máquina, muitas vezes, ainda, nos surpreendemos planejando objetivos e organizações em sintonia com a visão superada do mundo máquina.

É querer fazer o novo com o velho, antiga e persistente teimosia flagrada por Basarab Nicolescu, PhD em Física Quântica, autor com o pensador francês Edgard Morand da Teoria da Transdisciplinaridade.

Para avançarmos, ao invés de uma visão robótica das pessoas que integram nossas organizações, devemos estudá-las como padrões dinâmicos que se transformam uns nos outros e considerar a Lei da Interconectividade, segundo a qual nada nem ninguém está só e tudo e todos trocam influências recíprocas.

A Física, ao estudar as partículas, estabelece como fator mais importante o padrão de relacionamento entre elas.

É preciso perder o medo do novo para considerarmos que com as pessoas é o mesmo, com efetividade ainda maior. Assim, privilegiaremos nas escolas, empresas, famílias, governos, os padrões de relacionamento entre as pessoas. Estaremos ensaiando uma visão que proporcionará vibrar em concordância de fase com o Universo. Trataremos menos de mando e mais de potencialidades a serem desenvolvidas no inter-relacionamento.

Vamos cortar a corda que nos prende à ideia do previsível, pois, como dissemos, essa ideia é geradora de um inconformismo com a mutabilidade, convidando diretores, gerenciadores, patrões, professores... a buscar a segurança inerte de quem não tem coragem de criar e encarar o imprevisto.

Assim como os elétrons, os fótons de luz, nós também somos feixes ou conjuntos de possibilidades. Não se trata, na maioria dos casos, de classificar como A ou B, sendo esse ou excludente como na lógica de predicados de primeira ordem.

Trata-se de compreender que tanto A ou B podem colapsar, isto é, manifestar-se no plano da objetividade. Mesmo que B signifique não A, o princípio do terceiro excluído, que afirma que não pode ser A e não A, cede lugar ao princípio do terceiro incluído, que afirma que em diferentes níveis de realidade podemos ter A e não A.

A Física compreendeu isso quando, após intermináveis discussões a respeito do elétron, se seria onda ou partícula, pensando no ou excludente, os cientistas descobriram que pode ser onda ou não onda e, ainda, o que foi mais surpreendente, que a manifestação, o colapso, era estabelecido pela consciência do observador.

Com seres humanos é ainda mais complexo. Podem manifestar propriedades antagônicas como pró-atividade e desinteresse, de acordo com a circunstância.

E o que produz o colapso da manifestação de uma qualidade ou outra? Uma soma de fatores variados em que patrões, diretores, professores, colegas e ambiente têm seu grau de influência, no caso das pessoas, através de seu pensamento.

Quer abortar qualquer projeto de sucesso, na família, na escola, na empresa, seja o comandante que transmite, não necessariamente por palavras, mas pelo pensar, que se reflete até na postura física, a ideia de desânimo, do muito difícil ou do impossível.

Isso contamina! É determinante da qualidade que vai se manifestar.

Lembremos que no estudo da natureza dual do elétron, com seu aspecto de onda e de partícula, a partir do princípio da incerteza, nos perguntamos que aspecto podemos medir e concluímos que medir os dois ao mesmo tempo é impossível, mas, na observação de cada colapso, a matéria quântica tende a atender à expectativa do observador. Ação da consciência.

O ser humano pode apresentar aspectos positivos ou negativos. Nunca ao mesmo tempo. Então, num dado instante, que aspecto irá se manifestar? Depende de múltiplos fatores, inclusive da consciência do observador, daquele a quem cabe reger a orquestra e que só logrará fazê-lo criando um campo mental adequado, que exige convicção, autoconfiança, fé, mesmo sabendo que a previsibilidade absoluta inexiste.

Quando avaliamos pessoas, ou organizações, precisamos ter conhecimento da natureza, mais que dual, múltipla, em variados e diferentes aspectos. Os avaliadores precisam ter em conta que a natureza dual dos elétrons não se revela simultaneamente. A múltipla das pessoas, muito menos.

Logo, um exame de capacidade para exercício de funções precisa evidenciar quais as qualidades mais necessárias ao exercício da atividade, qual sua probabilidade de manifestação e saber criar, se entender possível, as condições que farão se materializar as qualidades desejadas, ao invés de defeitos, também possíveis.

Isso liquida a pretensão de um único projeto, de uma única forma de tratamento, de um único perfil de investigação, para que se possa trazer à efetividade as qualidades potenciais que desejamos ver manifestadas por alguém que trabalha conosco.

Isso quer dizer saber buscar, dentro de um universo de imprevisibilidades, as condições para a manifestação das melhores aptidões daqueles com quem convivemos, em qualquer ambiente, do mais espiritualizado ao meramente comercial, lembrando sempre que esses aspectos não são mutuamente excludentes, mas, muitas vezes, complementares.

A empresa busca o lucro, e quanto mais espiritualizadas, no sentido de fraternas, forem as relações entre patrões e empregados e destes entre si, melhores energias serão atraídas, e a realidade do lucro aumentará.

Num núcleo em que se pratica a espiritualidade, há obrigações a cumprir por parte dos centros, como pagamento de água, luz, etc. Não se vai comercializar o espiritual, mas o aporte de valores, por sócios colaboradores, por vendas de livros, ou outras maneiras lícitas, é necessário para que a entidade sobreviva.

Sempre que medimos, vale dizer julgamos, numa determinada medida influenciamos o fenômeno. Não podemos afirmar que o resultado após uma medição seja o mesmo de antes, embora haja aproximações razoabilíssimas. Isso nos leva a rever nossa posição em relação à nossa medição e observação.

E aqui se impõe uma pergunta quase conclusiva: Se a matéria quântica tende a atender à expectativa do observador, ou seja, se o observador influencia a matéria quântica, não poderá também ser influenciado por ela? Desde a velha noção do Princípio de Ação e Reação, até a contemporânea Lei da Interconectividade, a resposta se inclina para um sim praticamente evidente.

Nas organizações, Karl Weick, Ph.D. em Ohio, teórico organizacional, percebendo a impossibilidade de um agir newtoniano, para obter resultados satisfatórios num universo quântico – e todos os ambientes em que vivemos fazem parte desse universo – observou a influência enorme do observador-organizador, ao criar a própria realidade da organização.

Sabemos da Física que a criação ocorre do mais sutil para o mais denso, que uma casa antes de ser casa foi um pensamento, daí a criação mental do planejador, acreditada por ele, isto é, alimentada pela energia do pensamento, atraindo energias de reforço.

Entende-se que o ambiente que criamos parte de fatores internos. Ele não existe lá fora, até que o criemos e desenvolvamos um campo, do pensamento à ação, capaz de fazê-lo sentido lá fora.

Para isso precisamos de ações conjuntas que excluam perguntas do tipo: o que é mais importante, o sistema ou o indivíduo? Pois tais questionamentos não fazem sentido num universo de interconectividades. Basta lembrar que uma corrente é tão forte quanto seu elo mais fraco.

Numa mentalidade contemporânea para verificarmos numa célula do sistema de ensino uma sala de aula, numa repartição pública, numa empresa, na família, num núcleo de práticas espirituais, pois tudo isso faz parte do mundo, precisamos sempre buscar o que funciona melhor, mais de acordo com a finalidade da instituição do que buscar descobrir quem está certo ou errado.

Assim, sabemos que o ambiente é criação de nossos pensamentos, ações e emoções, mas, fundamentalmente, que as ações precisam acontecer, mesmo requerendo correções futuras.

A crença no determinismo, na previsibilidade absoluta, ao se ver desmantelada, aporta o medo de fazer, o medo de criar.

Será como o escritor que tem toda a inspiração do romance e se contenta com o fato subjetivo de ter a certeza de que pode escrevê-lo, mas não o escreve. Logo, não colapsa a possibilidade em realidade e exatamente porque não tem a absoluta certeza do resultado externo da obra.

Amarrado a essa necessidade de previsão de resultados, o pintor não pinta, o músico não compõe, o investidor não investe e o pensador criativo não divulga suas ideias.

Vamos cortar também essa corda que nos prende na inércia por não termos certeza do resultado. Vamos cortá-la definitivamente; se não, corremos o sério risco de nunca ter amado por não ter certeza dos caminhos do amor. Estaremos neuróticos.

Então, hoje sabemos que, progressivamente, a expressão planejamento estratégico vai cedendo lugar a pensamento estratégico.

Trata-se de aspectos da inteligência emocional, que manda substituir a capacidade de analisar – decompor o todo em partes e pretender conhecê-lo pelo conhecimento das partes –, bem como a ilusória capacidade de prever, pela habilidade de permanecer conscientes do que se passa agora, associada à capacidade de rapidamente aprender com o que acabou de acontecer. Isso é inteligência espiritual.

Sabemos de sobejo que não podemos aprisionar a realidade, nem substituí-la por delírios, que são o sonho obsessivo de objetivos impossíveis, assim, ao invés de distribuir e descrever tarefas, fixas, rígidas e isoladas, compartimentalizando funções e pessoas de modo estanque, nossa missão é facilitar o processo, adotando os mais adequados procedimentos.

Como indivíduos relacionais, as pessoas sabem falar e ouvir? Quando conversamos, muitas vezes nossa fala, que se segue à fala do outro, não é um simples retorno ao que dizíamos, como se nada tivéssemos ouvido?

Há muitas pessoas assim. A fala do outro é apenas um intervalo, que o interlocutor procura tornar cada vez mais curto, para que este continue a expressar seu pensamento, sem nada registrar do que ouviu. Isso é uma troca de ideias ou a manifestação em intervalos de tempo separados de ideias que nem ao menos se contemplam?

Na Universidade, no curso de Direito, eu costumava dizer aos meus alunos:

– Há muitos cursos de oratória e são, muitos deles, excelentes, mas pensem bem: Não estão faltando cursos de escutatória?

Ouvir é muito importante, principalmente para quem exerce o poder.

Sendo uma forma de energia, o poder deve fluir. A concentração do poder, sem delegação, faz o desastre dos grupos sociais.

Uma energia pode ser benéfica ou não, e, como o poder é uma capacidade gerada pelos relacionamentos, devemos dar atenção à qualidade deles. E o amor – e vamos voltar a essa tese – é a mais importante fonte de poder e equilíbrio mental

Não pode haver vazio entre pessoas e funções, porque não há vazios do universo.

A consciência disso nos leva a pensar em campos invisíveis, como nos aponta um mecanismo para criá-los.

Mas, afinal, o que é campo? E que ideia é essa de que não existem vazios?

Pois vamos conversar um pouco sobre vazios e campos e, com um novo entendimento, cortar mais umas cordas.

Tendo sempre em mente que o fato de não termos o pleno domínio sobre o futuro não nos pode desestimular de vislumbrá-lo, sabendo que, como coconstrutores, podemos criar realidades.

Importante é que planos não sejam rígidos e sem alternativas, que abdiquemos da pretensão de controle e entendamos que pessoas não são máquinas e apresentam grande possibilidade de resposta aos campos que vamos investigar.

Campo

Agora, vamos falar sobre campo.

Mas me parece se impor uma pequena divagação:

O agora que estou escrevendo agora é o mesmo agora da primeira frase do capítulo e será o representante do momento passado, presente ou de um brevíssimo futuro?

Quando dizemos que vamos decidir agora, o agora da ação será diferente do agora da decisão, certamente influenciado por muitos "agora" passados?

Será então uma sucessão de tempos nulos a formar um tempo finito e determinado?

Quando dizemos que alguém saiu "agora mesmo", ou até "agorinha", estamos falando no passado e, talvez, complacentes com a dificuldade de entendimento, aplicando um diminutivo no que por ser instante zero não pode ser diminuído. Será assim?

E na frase: "Agora, quando eu voltar de viagem..." estamos jogando o presente num instante do futuro? Quanto dura esse agora?

Será tudo isso uma necessidade de nos livrarmos do aperto de uma corda temporal, da qual nossa essência, realidade pensada no eterno presente antes, do Big-Bang era liberta e à qual hoje, na presente dimensão, está atrelada?

A discussão iria longe. O importante é compreender que, se não controlamos o tempo, devemos otimizar o seu uso. Se não, ficaremos pensando, como penso agora e digo em verso:

A instantaneidade das coisas apavora
Implico mesmo com o aqui e agora
Porque ele implica um tempo que não passe
Será o aqui um só ou sucessão de zeros
Que não são zero e eu me desespero
Querendo até que o tempo não contasse

O instante é suficiente para contar vida?
Por zeros ela passa desapercebida?
Existe antes, depois ou só agora?
Pouco interessa pra quem tem amores
Pois o seu ter elide os temores
Porque de fato desconhece a hora.

Isso posto, vamos agora falar no campo. E nem vou mais discutir se o agora existe.

Para mim, ele, o agora, existe e não existe.

A física tradicional acreditava num princípio chamado "Princípio da Localidade". Segundo seu enunciado, um corpo ou partícula só poderia exercer ação sobre outro se tivesse com ele contato físico, ou a possibilidade de enviar um sinal que, viajando através do espaço que os separa, pudesse ser percebido pelo outro.

Essa percepção pelo outro, ação do primeiro, demandaria o tempo necessário para o sinal atravessar a distância que separava os corpos. Mesmo viajando o sinal com a velocidade da luz, o fenômeno não seria instantâneo. Só se manifestaria após o sinal ter percorrido o espaço entre os dois corpos, e a maioria dos espaços era considerada como vazio.

Se pudesse a ação de um corpo sobre outro, separados por determinada distância ocorrer, através de um envio de sinal, no mesmo instante em que o sinal fosse envido, estaríamos diante de um fenômeno chamado fenômeno não local.

Bohr acreditava nessa possibilidade da qual Einstein duvidava a tal ponto de denominar a considerada impossível ação não local de "efeito fantasmagórico à distância".

Uma experiência coordenada pelo físico Alain Aspect em 1982 demonstrou a ocorrência distância.

Partículas quânticas emparelhadas, também chamadas partículas gêmeas, apresentam essa característica: se uma delas sofre alguma alteração, por exemplo no sentido de rotação, a outra, onde quer que esteja, no mesmo instante, independentemente da distância, acusa a mesma mudança.

É uma aplicação da Lei da Interconectividade, que, segundo o médico e estudioso de Física Quântica Stuart Hameroff, é uma excelente explicação no sentido de entender a espiritualidade humana.

Pois há entre todos nós uma interconectividade invisível, pela qual nossas emoções e pensamentos se transmitem junto com nossas ações visíveis.

É por isso que uma mesma causa nem sempre produz os mesmos efeitos, principalmente quando envolve o fator humano, fato demonstrado à saciedade quando nos deparamos com resultados absolutamente diferentes produzidos por um mesmo plano, considerado até certo momento como perfeito, infalível.

Não vemos todas as conexões e quanto menos as percebemos, quanto mais negamos a presença, influência e participação do sutil, mais reduzimos nossa possibilidade de execução de projetos, de empresa ou de vida.

Ocorre muitas vezes, pela falta da percepção das múltiplas variáveis envolvidas num projeto, que ao resolver um problema colapsamos outro. Algo não percebido e existente atuou e desviou rumos.

Na verdade, há aspectos que não podem ser vistos simultaneamente. Já mostramos que o elétron pode manifestar-se no aspecto onda ou partícula, mas que os dois aspectos jamais são observáveis ao mesmo tempo. Cabe ao observador eleger o experimento para provocar a manifestação de um ou outro aspecto.

Logo, não adianta trabalhar só com partes ou fragmentos, que seria o conselho do método analítico.

David Bohn, físico, assevera que a noção de que todos esses fragmentos existem separadamente é com certeza uma ilusão e essa ilusão só pode levar a conflitos e confusões intermináveis.

Existem muitos mapas de sistemas criados a partir da influência da busca de previsibilidade.

Ao criarmos um projeto revelamos o que para nós é relevante em termos de elementos e, às vezes, o que nos dá uma melhor possibilidade de êxito consideramos interações. Quase sempre só dentro do visível, do objetivável.

Com isso esperamos poder manipular o sistema para atingir nossos objetivos. A manipulação do sistema é impossível.

Isso criou na ciência antiga o que muitas pessoas criam em suas vidas.

Incapazes, como todos somos, de dominar a vida e de ter uma previsibilidade plena, criam sintomas, doenças, para chamar a atenção sobre si, mas, fundamentalmente na esperança de que poderão dominar os sintomas, suas queixas, porque são suas criadoras. Tornam-se neuróticas, evidenciando a incrível capacidade do ser humano de fazer-se sadio ou doente.

A ciência antiga, a Física Newtoniana, era assim.

Incapaz de dominar os fenômenos da natureza, querendo descrever leis cujo conhecimento permitisse o pleno controle do universo, e por que não da vida, inventaram um mundo fictício e chamaram-no real. Substituíram um "é" inatingível por um "como se", que servia às suas explicações e expectativas.

E assim, neurótica, fugindo da infinitude de um Universo incontrolável, desafiador e até mesmo bizarro, criaram, seus porta-vozes, os físicos de então, o mundinho de seus sintomas e a lei da causalidade rígida, que lhes permitiria o controle da própria natureza.

Por não conseguirem dominar o real, deixaram de amá-lo e dedicaram seu sentimento a uma caricatura de realidade que os amarrou ao pessimismo, ao vazio sombrio de possibilidades e ao materialismo realista.

A coragem de encontrar a verdade levou os criadores da Física Quântica a romperem essa corda que os prendia a um mundo criado e regido por suas próprias limitações, abrindo horizontes para novos mares, para as ondas de luz e energia, onde exercemos a glória do ato criativo e nos tornamos artífices de nosso destino.

E quanto mais atentos estivermos aos fatores invisíveis, capazes de motivar e movimentar até mesmo de modo imprevisível enormes contingentes de seres humanos, melhor será nossa visão dos possíveis futuros.

Em muitos fenômenos sociais, bem como em atividades pessoais, é comum a verificação da efetivação de um salto quântico.

O salto quântico, como sabemos, ocorre com o elétron nas órbitas atômicas quando, devidamente energizado, salta de um nível para outro sem passar por estágios intermediários.

Também sabemos que nem todos os níveis são possíveis para os elétrons de um mesmo átomo.

Pois vamos a dois exemplos simples, em nível de comportamento pessoal e a um exemplo histórico, que poucos perceberam que foi tipicamente um salto quântico.

Alguém, por exemplo, quer deixar de fumar. A partir dessa vontade, que não sabemos se é portadora de energia suficiente, elabora um plano:

Vou começar hoje, por exemplo, sexta-feira. E já pensa em sentido contrário: sexta não é dia para começar nada. Deixo passar o fim de semana e segunda-feira começo.

A pessoa fuma, por exemplo, 20 cigarros por dia. Daí elabora seu projeto:

Segunda-feira fumarei 19, terça 18, quarta 17, até chegar ao zero.

Isso é puro mecanicismo. É o exemplo típico do plano que tem como suporte a possibilidade do controle. Conta com coisas e eventos apenas numérica e mecanicamente.

Não sei se antes ou depois dos dez por dia já terá perdido a conta e se desiludido com seu projeto. Melhor seria dizer, consigo mesmo. O projeto envolvia uma decisão apriorística e deixava a tarefa de libertar do vício como propriedade do tempo e de quantidade.

Só o salto quântico resolveria: passar do vinte para o zero sem passar pelos números intermediários. Mas, isso só acontece quando há um suficiente aporte de energia, querer, ao sistema.

A corda que prende ao vício se corta de ma só vez, acumulando energia para fazê-lo.

Paixão mal resolvida. Outro exemplo.

Alguém está, talvez não querendo estar, plenamente convencido, por abundância de atitudes e acontecimentos, que está apaixonado pela pessoa errada.

Muitas vezes não cabe buscar culpados. Individualmente são pessoas excelentes cuja união não prosperou em termos de afetividade, compreensão, paixão.

Aí vem a decisão correta de não mais procurar o outro. O corte da amarra, o salto quântico.

Mas pode, nesse momento, soprar o velho paradigma newtoniano, a falsa ilusão de controle e se fazer ouvir a voz oculta:

Afinal, há momentos bons. Quem sabe um encontrinho a mais, como final, não faria bem? Haverá certamente outros, ouvida essa voz e como o ser sonhado não é o ser real, a tentativa neurótica de tornar o real no sonho para dominá-lo será causa de grande e continuado sofrimento.

O pulo é do estar para o não estar, sem semiestares intermediários. É requerido o salto quântico.

E vamos a um fato político-social de extrema relevância.

Quem previu a queda do muro de Berlim?

Foi quântica, repentina, imprevisível, exatamente porque não percebemos, até por não ser de objetividade material, o conjunto de fatores atuantes numa circunstância dessa ordem.

Havia, por certo, muitas pessoas descontentes, limitadas pela presença do muro.

Pois a soma de influências individuais, pequenas, se consideradas isoladamente, produziu um resultado inesperado e incontível. Por certo, tal resultado deveu-se a ações locais no interior do sistema.

O mesmo ocorre numa empresa ou na organização de um centro espírita. Devemos procurar chegar à força suficiente, energia mínima necessária, para efetuar o salto.

E para isso, nos agrupamentos humanos, devemos falar em massa crítica, em conexões críticas. Implementar o entusiasmo e engajamento das pessoas e sua crença na viabilidade e no benefício dos projetos, uma vez que sabemos que na própria natureza, se um átomo não soubesse da presença do outro, nada se passaria.

Vale dizer que é fundamental estar atento ao todo, sem separar, tarefa em que é vital entender o "e" do um e um, inter-relação, como diferente do mais do um mais um e assim aumentar a participação em substituição ao desejo onipotente de controle, que cria organizações, governamentais inclusive e principalmente gerentes ou ministros e forças-tarefa, agindo isoladamente.

A união de pensamentos – e pensamento é energia – materializada na comunhão de propósitos, além de gerar energia criativa, produzirá sintonia com energias universais, reforçando a possibilidade de êxito e até mesmo criando-o no plano mental para colapsá-lo no mundo objetivo em forma de sucesso.

Isso forma o que os esoteristas chamam de *egrégora* das organizações, cuja vibração é transmitida e percebida por quem convive, mesmo eventualmente, no ambiente.

Não há vazios no Universo. Não pode haver vazio, muito menos de ideais e princípio entre os que se reúnem com um mesmo objetivo. Os campos de pensamento, embora invisíveis, são de influência extraordinária.

Essa é a visão contemporânea do universo a partir da Física de Maxwell e Faraday, que decidiram olhar para além das estruturas visíveis, substituindo então por conectividade a solidão e o isolamento do universo de Newton.

Um mundo newtoniano, que sempre exigia força e dispêndio de energia, induzia à tentativa de controle e de domínio pela força.

Vemos o reflexo nas religiões tradicionais. É preciso esforçar-se para ser bom. Porque não ver na bondade uma atividade gratificante e compatível com a dignidade humana?

Diziam os cânones ortodoxos. É preciso sofrer para merecer recompensas. Uma lei de causalidade rígida era utilizada na busca de recompensas ou na fuga de castigos.

Havia uma relação de proibições cujas transgressões poderiam levar a uma existência perdida para sempre ou a uma leva flambada no purgatório antes de chegar ao paraíso penosamente conquistado.

O estudante deveria sofrer na escola, tolhido da possibilidade de criar e temeroso de um mestre cuja grande qualidade era reprovar em massa.

Na empresa o espectro da demissão era o único estímulo à produtividade e, para o chefe equivocado, possuído pelos velhos paradigmas da possibilidade de controle, o temor daquele era a garantia do sucesso planejado.

Hoje, um novo conteúdo produz novas reflexões filosóficas, levando-nos a considerar campos invisíveis que atuam sobre nós, cada vez mais sutis e capazes de mudar comportamentos.

Há campos produzidos pelo pensamento, e campo significa uma alteração nas propriedades do espaço nas vizinhanças de um elemento criador, capaz de influenciar comportamentos de outros elementos a ele sensíveis.

Assim, temos, por exemplo, o campo elétrico.

Imagine um espaço qualquer. Em cima de sua mesa de trabalho, por exemplo. Nesse espaço, o leitor coloca uma carga elétrica, um corpo eletricamente carregado e isolado.

A partir desse momento, uma nova propriedade surgirá na região do tampo da mesa e além dela, consistindo no seguinte:

Qualquer outra carga colocada nessa região, espaço do campo, será atraída ou repelida pela carga criadora, a inicial, e, ao mesmo tempo, irá repeli-la ou atraí-la. Qualquer carga colocada na região receberá uma força. Surgiu uma nova propriedade no espaço da mesa. Estamos diante de um Campo Elétrico. Além do que já existia na região, surgiu uma influência capaz de afetar comportamentos de elementos sensíveis.

Podemos fazer a mesma experiência colocando um ímã em certo local. A partir daí pedacinhos ou limalhas de ferro, que antes colocados na região permaneciam no mesmo lugar, passam a ser atraídos pelo ímã. Criou-se um Campo Magnético.

Não há vazios no espaço no que se refere a influências.

Sabemos que no espaço entre a Terra e a Lua há uma região sem atmosfera. Vazia? De matéria, talvez, mas não de influências. Qualquer porção de matéria, qualquer objeto físico colocado nessa região vai gerar um conflito de atrações, forças, que a Terra e a Lua exercerão sobre ele, tentando atraí-lo para si.

O objeto estará sob o efeito do campo gravitacional terrestre e lunar. Aliás, é esse campo que mantém a Lua em órbita da Terra.

Podemos falar também da luz, que passa por essa região, preenchendo-a com sua energia.

Com o avanço das investigações, em diferentes áreas do conhecimento, outros campos foram postulados e estudados.

Campos extremamente sutis a influenciar nosso comportamento.

No Brasil, o engenheiro Hernani Guimarães Andrade, uma das maiores autoridades internacionais na pesquisa dos fenômenos do espírito, dando-lhes, desde os estudos da década de 1950 até o surgimento da chamada Ciência Noética, nome atual da parapsicologia, inquestionável suporte científico, postulou a existência de campos organizadores da vida através de seu modelo organizador biológico. Estudava, entre outros quesitos, a ação do espiritual sobre o material e a pré-existência do espírito em relação ao corpo físico.

Também reconhecido internacionalmente, o biólogo Rupert Sheldrake desenvolveu a hipótese da existência de campos que chamou campos mórficos capazes de influenciar o comportamento das espécies.

Segundo Sheldrake, esses campos vão se construindo por capacidades que se acumulam quando membros de uma mesma espécie aprendem alguma coisa.

Depois que um certo número de representantes de uma espécie aprende algo novo, todos os demais tomam conhecimento desse algo, agindo como se o tivessem aprendido.

É conhecida, nesse sentido, a história do macaco número 100. O 100 é simplesmente arbitrário. Mas, trata-se sempre de um determinado número que corresponde à massa crítica.

A experiência não planejada ocorreu em uma ilha do Japão onde havia vários viveiros de macacos, sem contato entre os habitantes de um e de outro.

Os macacos eram alimentados com batatas cruas e um dia alguns cuidadores resolveram passar areia nas batatas antes de dá-las aos símios.

Os animais, por certo, não gostaram, mas era o que havia.

Um belo dia, uma macaquinha filhote, na frente de sua mãe, resolveu lavar a batata antes de comê-la, retirando assim a areia.

A mãe imediatamente imitou o comportamento da filha, que foi copiado por outros amiguinhos que observaram visualmente a atitude.

Pois bem. Quando o centésimo – número exemplificatório – procedeu da mesma maneira, lavando a batata para tirar a areia, naturalmente por ter visto outro fazê-lo, todos os macacos dos demais viveiros, sem que tivessem visto algum outro lavar a batata antes de comer, começaram a adotar o mesmo procedimento.

Há várias experiências com animais levando a resultados idênticos.

Mas, temos exemplos mais próximos.

Nossas crianças, hoje, não parecem ter nascido sabendo operar equipamentos eletrônicos? Não dominam o computador muito mais velozmente do que nós? Não aprendem a utilizar toda a parafernália de um telefone celular – capaz de exercer tantas funções, até mesmo de receber e fazer ligações – sem precisarem de curso ou da leitura dos sempre confusos manuais de instrução?

Por certo, captaram informações, presentes nos campos de pensamento, nos espaços não vazios que nos cercam, talvez na noosfera, a célebre camada "atmosférica", repositório de pensamentos, da conceituação de Teillard Chardin?

Não estariam esses fatos provando a inexorabilidade da Lei do Progresso enunciada por Kardec?

Pois nas organizações também há algo além do espaço vulgar e mesmo do ciberespaço. É interessante saber que nossos pensamentos também são componente energética do espaço que nos envolve.

Por isso, o líder tem que acreditar nas suas ideias.

Reuniões para falar em crise, dificuldades e lamentações contaminam todo o ambiente. Fazem o trabalhador não acreditar na possibilidade de êxito.

A linguagem expressa e pensada tem que ser: Estamos bem, embora fazendo alguns cortes e evitando gastos desnecessários para evitar que a crise, que a muitos está atingindo, nos atinja.

Não se trata de mentir. Trata-se de demonstrar confiança na instituição e em seus objetivos.

Queixar-se de uma doença ou de uma crise, qualquer diretor ou governante medíocre sabe fazer. Praticar a medicina preventiva, ou, no caso da curativa, detalhar aos pacientes a eficácia do tratamento a ser encetado e quanto deles depende a cura, o êxito, o sucesso é tarefa de verdadeiro líder. Do portador de inteligência lógica, emocional e espiritual.

Partículas aparecem e desaparecem. É surpreendente, uma vez que elas seriam a base sólida do universo. Vivemos o momento da desmaterialização da matéria. A realidade não é somente física e a criação ocorre do mais sutil para o mais denso, do pensamento dos organizadores, com suficiente energia, grau de autoconfiança, para criar a entidade pensada.

Confiança, entusiasmo, paixão se transmitem. Angústia, medo, desânimo, também. O que queremos transmitir a colegas ou subordinados além das conhecidas instruções normativas?

Podemos criar comportamentos desejados não por força, mas por influência. Essa atitude decorre de uma leitura correta da natureza

Na trilha da ideia do observador criador, verificamos que há qualidades que se podem observar nos comportamentos, mas não existem sem eles. Sugerem o agir para criar, que implica uma reversão no tempo em relação à posição ortodoxa.

Comporta-te adequadamente. Sê ético, e outros serão influenciados. Vale na família, na empresa, na escola, no centro espírita, na paróquia. O comportamento ético será visível. A ética, não, pois é uma entidade conceitual.

Por isso, a ética se manifesta em ações; logo, um comportamento ético, que é visível, produzirá outros, e a ética estará manifesta, presente, dominante.

Comportamentos criam campos que influenciam.

Sentir-se bem ou mal, confiante ou não, no momento de uma fala, diante de um grupo de ouvintes ou colegas, é algo facilmente perceptível.

O exemplo mais clássico é o do professor:

Ele pode conseguir ou não transmitir o conteúdo desejado, mas o entusiasmo ou o ressentimento com que está exercendo sua atividade será inevitavelmente percebido.

Nossas células conservam sua individualidade, mas, ao mesmo tempo, se integram no organismo e atuam para protegê-lo como um todo. E, enquanto se integram no organismo, também o compõem.

Quem é a causa? As células ou o organismo? Possivelmente o campo que planejou umas e outro.

Deepak Chopra afirma que onde existe um *bit* (unidade) de matéria, ou unidade celular, existe um *bit* de informação. A informação tem um período de vida mais longo do que a matéria com que se emparelha. Uma célula seria então uma memória que construiu alguma matéria em seu redor, formando um padrão específico. Seu corpo é o lugar que a memória habita.

Ao menos como metáfora, podemos pensar nesse conceito para nossas organizações.

A partir dos idealizadores de um grupo, melhor dito, de seus pensamentos, da quantidade de informação de que dispõe, vai se organizando uma estrutura de pessoal e material, até chegarmos à organização, que é um pensamento que construiu algo ao seu redor.

Enquanto permanecer o pensamento, a organização terá vida. Por isso, uma mensagem não grafada tem condições de superar pareceres divergentes.

O essencial é criar um projeto de vida, melhor ainda, um pensamento de vida, mantendo foco, numa visão distanciada da previsibilidade absoluta, visão essa criadora de uma força e não de um lugar, de uma influência e não de um destino.

Na verdade, o que controla e aprimora uma atividade humana, mesmo no terreno negocial, segundo Robert Haas, executivo da Levy Strauss & Co., são as ideias e não algum gerente com autoridade.

Verificamos mais uma vez o predomínio do mais sutil sobre o mais denso.

Sabemos que, quanto maior o envolvimento das pessoas envolvidas, mais poderoso é o campo que se forma.

Quero referir agora, numa temática paralela e muitas vezes coincidente, como se deve processar a busca dos ideiais, pela adequada vivência interpessoal – formação de campos adequados – também nos centros espíritas e espiritualistas.

Sabendo que a realidade física se compõe a partir dos campos de pensamento e sabendo que esses não são somente produção dos seres encarnados, a correção de atitudes e a nobreza de propósitos vão criar, por certo, o aporte de energias provenientes da assistência espiritual, e os objetivos de esclarecer, amar e praticar a caridade estarão no caminho da organização e de seus membros, deste e de outro plano. É necessária a participação de todos para desenvolver um grupo poderoso.

Vale *ipsis litteris* para qualquer empresa.

E, estudando esses campos fantásticos de influência, concluímos duplamente que a sinceridade é vital elo de ligação entre pessoas que têm um ideal comum. A mentira se manifesta como um campo altamente negativo e é tão forte esse campo, que afasta os bem-intencionados e faz do mentiroso sua maior vítima, porque há um momento em que esse, ingressando no território da psicopatia, passa a acreditar na sua mentira.

Quando acreditamos poder mentir – e seria tão bom que postulantes a cargos públicos tomassem conhecimento disso –, dizer algo e não fazer, ou fazer o oposto, não perdemos só a integridade pessoal, não pomos em risco apenas a credibilidade, mas perdemos a influência de muitos campos que poderiam nos fazer muito bem.

A coerência cria campos, se retroalimenta e canaliza energias. As falsas promessas produzem o esvaziamento da autoimagem pela influência de campos negativos envolvidos e o rompimento com os campos de luz.

O incoerente viverá o drama de ter seus propósitos negados pelo sistema cérebro-mente, habituado a um descompasso entre o dizer e o fazer, a um dizer premeditadamente falso e, assim, interpretará vontades, projetos, criando um sistema de negação, mesmo aos exercícios e pensamentos de saúde praticados pelo mentiroso. De uma certa forma, nem ele acreditará nele e, quando afirma; quero ter saúde, pode ser que o cérebro entenda: ele quer ficar doente.

Por isso, é incapaz de criar no sentido positivo.

Pois, falando em criação, o medo do indeterminismo é um dos fatores impeditivos do ato criativo.

Para criar, é preciso muitas vezes romper paradigmas, desconstruir hipóteses, ter a coragem de abandonar um roteiro pronto, um manual de instruções supostamente infalível e encarar possibilidades ao invés de certezas.

É preciso cortar essa corda limitante, que nos mantém presos a um aparente universo de conforto e enfrentar as possibilidades, criando campos para buscar otimizá-las.

Não é possível que se recuse a vivência de um amor pela imprevisibilidade do sentimento ou comportamento da pessoa amada.

Não é coerente que nos recusemos a investir, porque o resultado tem sempre algum grau de incerteza.

É absurdo deixar de viver a vida pelas incertezas do caminho ou inexorabilidade do fim.

Não pode um compositor abandonar o pensamento de realizar sua obra por não saber a que patamares de aceitação ela chegará.

Um mundo de possibilidades, com mais experiências do que proibições, com mais asas do que cordas, com mais liberdade de pensar do que dogmas é um outro mundo, bem além das fronteiras do paraíso.

Perceber o novo é perceber outro mundo, um mundo perceptível somente com a ampliação da percepção sensorial, sem abandoná-la, que de início poderia parecer o mundo particular de quem o percebeu, mas na verdade é um novo mundo de todos.

O encontro de mundos, elemento essencial da criatividade, está plasmado na Doutrina Espírita, quando corajosamente e mesmo com alguma dificuldade inerente ao progresso substitui os velhos modelos do Deus vingativo, da vida única, da incomunicabilidade dos espíritos, pela inteligência Suprema, pelas oportunidades reencarnatórias e pelo estudo da mediunidade.

Para criar é preciso um ato de coragem e encontro. Um ato de paixão, uma ferrenha vontade de encontrar.

O ato criativo é o que mais nos aproxima da semelhança com o Criador.

Vamos pensar nisso.

Crio, logo existo

Pois o ato de criar é um impulso que todos temos de origem e, muitas vezes sopitamos, com medo de inovar, pois o novo provoca reações nem sempre agradáveis.

Muitas pessoas e instituições, por medo de enfrentar o novo, de ir além da vivência de situações repetitivas que geram aparente conforto, tornam-se meros copiadores de práticas de um sistema que temem desafiar.

Por isso, os acomodados não criam. Delegam a outros essas tarefas e, por não criarem, não otimizam a própria existência.

Passam a chamar destino, uma ficção sem sentido, só cabível num universo máquina, a sequência de acontecimentos de sua vida, vida pela qual passam sem vivê-la.

Sofrem de um mal chamado normose, que poderíamos definir como a doença da acomodação.

Os portadores de normose não se dão conta de que agem como meros copiadores, repetidores de situações, mas pensam até que estão fazendo coisas diferentes, inovando.

Vemos tais manifestações, por vezes de modo muito claro, no desempenho de estudantes em seu currículo acadêmico.

A partir do momento em que o sistema começa a sobrevalorizar publicações, eles incorporam a necessidade criada de publicar muito, a qualquer custo.

Quando os trabalhos passam a ser medidos por laudas, sentem que um dizer vale não pelo novo, pelo criativo, pelo ineditismo, mas, sim, pelo número de páginas ou parágrafos em que se expressa.

Pessoas assim resistem ao novo, acomodadas ao modelo de tranquilidade apenas aparente em que vivem.

Amarram-se às balizas, muitas vezes mediocrizantes de caminhos do sucesso, considerados seguros, sem perceberem sua transformação em massa de manobra. Suas atitudes são ditadas pelo eu de conveniência, que quer dizer o eu que queremos que seja percebido, embora em dissonância com nossas aspirações e nosso verdadeiro modo de ser e de sentir.

Jamais serão os agentes de mudança, nem de si nem em si mesmos, jamais terão a visão do profeta, nunca permitirão que se desenvolva a capacidade criativa.

O profeta é aquele que com uma percepção especial diz o futuro. Prenuncia acontecimentos, mostra novos caminhos, derruba velhas construções transformadas em entulhos, tornam-se atemporais por deixarem suas marcas no registro da história.

São os inovadores, realizando com maestria, nos diversos ramos do conhecimento humano, recusando as amarras que prendem o pensamento criativo, ao afirmar que as possibilidades do conhecimento estariam esgotadas em um modelo qualquer.

Kant, resolvendo os problemas emblemáticos entre o empirismo e o racionalismo; Einstein, relacionando o fenômeno ao observador; Durac, prevendo matematicamente o antielétron; Kardec, estabelecendo, em oposição à dicotomia cartesiana, uma fé espiritual que não pode contrariar a razão; Jesus, afirmando que o escravo era igual ao senhor; esses foram pioneiros, descobridores, desbravadores, profetas, enfim tudo o que deveremos ser. Em uma palavra: criadores.

Como disse, para impedir-nos da realização do ato criativo, outras tantas cordas foram criadas, mas haveremos de cortá-las para efetivar o gratificante e realizador ato de criação.

Para novos rumos da existência, novas descobertas, expressão de novos talentos, precisamos praticar aquele que, sem dúvida, é também um ato de amor: o ato de criar.

Tal ato exige primordialmente coragem, crença em si mesmo e rompimento com a suposição de que o futuro será controlável e previsível.

Se o artista, o inventor, o técnico, tiver na possível previsão da aceitação de sua obra o moto propulsor de sua atividade, dificilmente produzirá nos melhores níveis de sua possibilidade.

Nossa própria vida é uma obra que devemos executar com arte criativa, sempre vislumbrando caminhos e oportunidades que fujam da mesmice.

A certeza pretendida nos resultados leva à angústia, e esta, por sua vez, a atitudes paradoxais, causadoras de más escolhas, pois angustiados vemos o pior e passamos a defini-lo como única realidade possível.

O psiquiatra Aaron T. Beck, professor emérito de Psiquiatria na Universidade da Pensilvânia, considerado o pai da terapia cognitiva, elenca importantes características dos angustiados, todas reveladoras de um desejo de controle, que, verificado impossível, faz a mente derivar do real para um conjunto de sintomas criados, na esperança de dominá-los.

Segundo Aaron Beck, na crise de ansiedade, as pessoas costumam apresentar um sistema de crenças nocivo sobre si mesmas, o mundo que as cerca e o futuro.

Admitem verdades como:

"É sempre mais sábio presumir o pior".

Essa atitude, característica de uma postura defensiva em relação ao existir, está na contramão do conhecimento de um futuro de possibilidades em que temos escolhas.

Ansiosos, admitindo por razões muitas vezes religiosas que o futuro é imutável, tentam pensá-lo pior do que efetivamente estaria escrito, para ter a felicidade de viver algo menos ruim do que imaginaram.

É muito pouco para seres humanos sujeitos à lei do progresso. É pouquíssimo para espíritos em evolução, aprendendo a cada existência a arte de viver a sublimidade de amar e a possibilidade de ser feliz.

E há outras características dos angustiados:

"Problemas podem surgir a qualquer momento; preciso estar preparado." Mas, ao invés de se preparar efetivamente, com possíveis e variados aportes de soluções para distintos problemas vive o temor decorrente da incerteza e, ao invés de criar – vocação ínsita do ser humano –, se submete à dor do problema, mesmo antes de que ele aconteça, o que talvez nem ocorra.

E há mais nos pensamentos presididos pela angústia:

"Sou uma pessoa vulnerável." É típico dos que sobrepõem os temores à capacidade de realização. Deixam de amar e até mesmo de viver a vida, por medo da morte. Lutam contra o que é inexorável e colocam numa possível vitória nessa luta sua chance de realização. Colocaram a felicidade num ponto inacessível, por escolha própria.

Na verdade, têm medo de viver. Não querem ser felizes. Não têm a visão de vida que vai além da materialidade do corpo, que rompe a corda que os prende a um terreno limitado e permite a energização da essência, o espírito, para saltar muros que obstaculizam o progresso, vendo e construindo novas paisagens e criando assim a felicidade do viver.

E um dos pensamentos dominantes dos ansiosos é:

"Preciso estar no controle".

Variante do pensamento "preciso estar preparado", o "preciso estar no controle" revela de modo palmar a prisão ao conceito de universo máquina, geradora da necessidade de controle, combustível principal do pensamento onipotente, presente invariavelmente nos grupos fanatizados que no terreno político, social e religioso se consideram os donos da verdade.

Quantos desenganos, quanto atraso, quanta dificuldade derivada de um modelo de universo em que tudo e todos são máquinas!

Que falta fez nos modelos antigos e faz em muitos modelos atuais a compreensão das verdades do espírito, essa essência que nos anima, criada para exercer o amor!

O estudo realizado com pessoas angustiadas, pessimistas, revelou que essas superestimam a ameaça, ao mesmo tempo em que subestimam sua capacidade de lidar com ela.

Frequentemente, preocupam-se e sofrem com o que não vai acontecer.

Um teste muito interessante foi realizado envolvendo pessoas que sofrem do mal da angústia.

Interessante é frizar que é normal vivermos momentos de maior ou menor ansiedade. Quando nos referimos a angustiados, falamos de pessoas que vivem praticamente em permanente estado de angústia, em função do qual pautam sua existência.

A um grupo de ansiosos – Daniel Freeman e Jason Freeman, em seu estudo sobre a ansiedade, utilizam angústia e ansiedade como sinônimos, em que pese a existência de correntes que admitem diferença entre os termos, o que para nossas considerações é despiciendo – foram ditas séries de palavras homófonas, mas heterógrafas, em pares, devendo as pessoas anotarem o que entendiam, que palavra entendiam em cada dupla pronunciada.

Como sabemos, palavras homófonas têm o mesmo som, ou som muito semelhante, com grafias diferentes (heterógrafas).

Os pesquisadores escolheram pares de palavras, dentro das características descritas, em que uma das palavras tinha significado bom e outra, significado mau.

Os pacientes deveriam anotar que palavra entendiam.

Entre os ansiosos, a percepção e correspondente anotação das palavras com significado negativo ocorreu em número muito maior.

Os estudos mais atuais revelam que a ansiedade tem origem na intolerância da incerteza.

Ah! Que mundo de falsos confortos nos venderam! Como nos aprisionaram à ideia determinista, à imutabilidade do futuro, previsibilidade com índice de otimização elevadíssimo, tudo tomando como referência pessoas máquinas, sem consciência, num universo mecânico.

Essa amarra que nos prendeu ao mecanicismo impediu, e para muitos ainda impede, a inovação, a capacidade de criar seu próprio destino, direito personalíssimo de cada espírito.

Vamos cortar essa corda impeditiva da evolução, das novas conquistas, do exercício da criatividade.

Pois vamos verificar que a criatividade depende do mundo criado pela pessoa. Quem cria um mundo sombrio, só pode descrevê-lo sombrio e, possivelmente, será infecunda a união do mundo pessoal com o mundo real.

Mas, entendemos que a criatividade existe e é necessária, havendo até mesmo várias hipóteses sobre sua natureza.

Vamos comentar de passagem algumas para examinarmos de perto o ato criativo.

Sabedores da influência do pensamento como elemento de captação e criação de campos, devemos esperar o melhor, exatamente o contrário da expectativa produzida pela angústia.

E como as coisas se adequam aos campos que as envolvem, pensar o melhor é criá-lo, ou sintonizar com ele para recebê-lo.

Somos emissores e receptores de energia e só recebemos nas frequências em que vibramos.

Cercados de energias cósmicas, inclusive as inteligentes, provenientes de outras mentes, de espíritos encarnados ou não, podemos entender que inspirações, no sentido de um aporte externo e obsessões são consequências de nossas emissões energéticas envolvendo o pensar, o sentir e o agir.

Daí porque é importante que nos alegremos com o sucesso dos amigos, filhos, conhecidos, pois assim procedendo estaremos fazendo com que o sistema cérebro-mente associe estados de bem-estar na presença do sucesso, transformando-se via de consequência em antenas capazes de atraí-lo.

Esperar o melhor é produzi-lo. É criar um campo de atração para suas energias, é viver no plano mental, que é o da criatividade, a situação que vamos, a partir de nossos pensamentos, materializar.

O ser criativo também é questionador. Só questionando criamos novas respostas e despertamos da letargia da mentalidade de rebanho.

Questionar velhos chavões, argumentos superados, dogmas, para dilatar as fronteiras do saber.

Permitindo o questionamento criativo e sabendo de sua imprescindibilidade para o progresso, Kardec entendeu que é preferível rejeitar verdades a aceitar mentiras, até porque, sabemos hoje, há territórios novos e inexplorados, para muito além do certo e do errado.

No livro *A Coragem de Criar,* o teólogo e psicanalista Rollo May estuda em profundidade o ato criativo, investigando possíveis definições e estabelecendo consequências.

Sabemos que quando criamos vamos além do universo dos sentidos. Quem sabe recordamos e atualizamos algo do mundo dos arquétipos de Platão, quando nossa alma, segundo o filósofo, recorda, aqui, o que lá aprendeu.

É interessante lembrar que no mundo da pintura, para citarmos um exemplo, quando o artista retrata a natureza, não efetua o que seria uma fotografia da paisagem.

Inclui no mundo objetivo algo de suas emoções, do seu mundo pensado, misturando-o entusiasticamente com o mundo observável.

A criação artística é uma invasão do espírito num outro mundo, o objetivo, e, da tentativa de apreendê-lo e descrevê-lo, com as cores e matizes da emoção, surge um amálgama, em que os traços e blocos de tinta tentam representar o sentimento, através de figuras modificadas, porque não são as representações congruentes do mudo objetivo. Este é invadido pelo mundo da mente, que o fecunda com o sêmen da consciência criadora e, paralelamente, se deixa influenciar por ele. Dessa interfecundação surge a obra de arte.

Espíritos em evolução, com registros tenuamente lembrados de outras vidas, somos informados pelos sentidos daquilo que se convencionou chamar mundo real.

Mesclando essas informações sensoriais e enriquecendo-as com a percepção e a sensibilidade do espírito, vamos fecundando a existência e fazendo do viver uma obra de arte.

Evidentemente, estaremos realizando um ato criativo.

A espiritualidade nos convida a essa experiência arrojada. Fazer de nossa vida mescla de materialidade e divindade, complementando-se e não se excluindo, algo novo, indefinível e intenso, uno e múltiplo, estável e dinâmico, um exercício forte e permanente de amor.

Daí porque só a visão do sublime, a percepção do infinito se compatibiliza com uma análise da criatividade.

Muitas teorias já foram esboçadas no sentido de explicar a manifestação do poder criativo.

Alfred Adler defende uma teoria compensatória da criatividade.

Nessa linha de raciocínio, a produção existe para compensar a imperfeição.

Exemplo desse pensamento temos em Agatão, no Banquete de Platão, quando Sócrates propunha que se caracterizasse Eros, o deus da beleza.

Agatão, que antes afirmara só poder ser extremamente belo o deus da beleza, recua, diante de provocações de Sócrates e conclui que o deus da beleza deveria ser extremamente feio e daí, a partir da carência de beleza, para compensar sua ausência, passa a adorar sua falta. O deus da beleza deve ter o poder de criá-la, mas toda sua volúpia para criar o belo decorre do fato de ser carente dele.

Nesse mesmo pensar, entenderíamos que o homem civilizado, aperfeiçoando comportamento e trato social, teria criado, no decorrer da história, a civilização para compensar a fraqueza física decorrente da ausência de garras, de dentes mais afiados e poderosos, fatos que o colocavam em nítida inferioridade, no quesito força física, na superfície do planeta.

Beethoven era surdo. Seria sua genialidade musical, extremamente precoce, decorrente de uma vontade interior, provavelmente inconsciente, de superar a deficiência auditiva?

Mas, então, todo cirurgião plástico esteticista seria feio, ou teria, entre pessoas próximas, um alto grau de fealdade que busca compensar no exercício criativo e transformador de sua atividade?

Todos os profissionais que tratam da arte de curar problemas mentais, especialmente psicólogos e psiquiatras, seriam, no mínimo, tendentes a um desequilíbrio que buscam compensar?

Por óbvio, não.

Necessidades podem influenciar, mas não explicam a criação.

A teoria de Adler é simplista.

Faz parte dos ensaios teóricos, presentes em várias áreas do conhecimento, que Rollo May chama teorias redutivas, que terminam por desqualificar o próprio ato criativo, reduzindo-o a padrões de neurose. Falam em criação a serviço do ego.

O conhecimento de teorias desse padrão amedronta o espírito criativo, amarrando-o de modo a não permitir-lhe criar.

Tal é o temor e o prejuízo causado por essas abordagens no mínimo incompletas, que é comum ouvirem-se pessoas exclamando: "Que loucura" diante de um feito de alta criatividade.

Também se pode ouvi-las dizendo: "Coisa de louco".

Essa confusão lamentável entre o ato criativo e a loucura inibe muitos criadores e descobridores, pelo medo de serem considerados loucos.

É importante salientar que o louco não cria, e ter isso sempre presente, para evitar a confusão, sempre de pobreza mental, que tangencia com a miséria, entre genialidade e loucura.

O estudo de nossa evolução espiritual, que é de nossa essência, pois, antes de mais nada, somos espíritos, não decorreu do temor e da inevitabilidade da morte. Decorreu do exame de nossas potencialidades, da falência do modelo materialista decretada no tribunal da Ciência Quântica. Sedimentou-se nas experiências da criação no sentido descendente, ou seja, do mais sutil para o mais denso. Fortaleceu-se pela verificação de que o universo não é lógica e matematicamente explicável sem a ideia de uma Consciência criadora, uma inteligência suprema, um supremo maestro a tocar as cordas que criou para executar a grande sinfonia cósmica.

Examinar toda a inovação da Ciência do Espírito na linha de raciocínio das teorias compensatórias implicaria uma generalização não autorizada que, para ficarmos em dois exemplos, nos levaria a concluir que toda criatividade na pintura deveria decorrer, invariavelmente, de uma deficiência visual e na música, de um problema auditivo.

Também encontramos essas análises reducionistas, demonstradoras de pequeno alcance intelectual, entre reencarnacionistas que querem interpretar de modo rígido os resgates que devemos efetuar, melhor dito, seriam os convites e desafios que a vida nos propõe.

Assim, muitos pensam que as pessoas que se dedicam ao bem fazem-no por serem portadoras de grandes culpas no passado, que querem resgatar. A bondade atual como fator compensatório de maldade pregressa.

Isso é ignorar as conquistas do espírito e as leis da evolução. O bem não se fabrica a partir do mal. Pelo contrário, este surge na ausência daquele, como as trevas na ausência da luz.

Esses entendimentos negativos, prejudiciais ao bom raciocínio, e até mesmo à concepção de um Deus justo e amoroso, levam os reencarnacionistas de plantão e de prefácio a acreditar que qualquer um que morra assassinado foi assassino de seu algoz numa vida anterior.

Desculpem a franqueza, mas não é só pobreza de imaginação. É imaginação pobre, mecanicista, a afirmar que não somos os criadores de nosso viver, que não temos escolha e que tudo estava escrito.

Um materialista deliraria com essas ideias e, provavelmente, adotaria essa concepção de mundo espiritual, mais de acordo com os princípios do materialismo realista do que o atual modelo, prenhe de possibilidades, escolhas e criações que a nova ciência nos descreve.

Teorias de destino rígido, de vingança divina nos afastam do processo de fazer, de criar a vida, exatamente a materialização da criatividade, com a qual nos transformamos em verdadeiros artistas, que, no sentido de Platão, são aqueles que expressam o ser. Os artífices da própria vida, os construtores de seu próprio caminho, feito a partir do ato de caminhar e não as marionetes de um destino, nosso amo e senhor indesejável, pois, por melhor que fosse ou pudesse parecer, nos tolheria a indispensável liberdade.

Mas, voltemos ao estudo da criatividade e seu processo.

A criatividade, tão necessária à nossa realização e capacidade de solucionar problemas, não surge do acaso.

Vamos mostrar que o lampejo do gênio não é um evento ocorrente sem causa num instante qualquer. É mais, muito mais do que isso. Depende de busca permanente.

Por isso, o ato criativo não consiste de um exotismo exercitado em fins de semana, talvez com adição de drogas.

Esse raciocínio pueril integra o espírito de manada. Vemo-lo principalmente em artistas ligados ao *showbiz*, que, na angústia de acumular o máximo de dinheiro num tempo mínimo, esgotados física e psicologicamente pelo acúmulo impraticável de compromissos, desligam-se da capacidade de criar, tornando-se repetitivos, maçantes, doentes. Então, tomados pela angústia, substituta incapaz de uma procura pela qualidade, se distanciam cada vez mais – e esse é um dos fatores que explicam algumas ascensões e quedas meteóricas – do ato criativo.

A criatividade é uma busca permanente de expressar o eu no seu mundo.

Como dissemos, não num mundo somente objetivo, de paisagens observáveis na natureza ou de paradigmas observáveis na esfera do conhecimento, mas num mundo em que o artista, bem como o cientista, é cocriador. É a descoberta, primeiro passo, e o encontro com um novo universo, pleno de campos invisíveis e atuantes, tanto nas observações da ciência, quanto nas experiências de espiritualidade, com a indispensável presença da emoção.

Fritjof Capra, em *O Tao da Física*, revela a enorme semelhança emocional entre o cientista que descobre uma nova lei no universo, o que só é possível interagindo com ele, e o meditador, o místico que vive uma experiência de iluminação, ou ampliação de consciência.

Em ambos os casos, o descobridor procurará contar a todos aspectos de um novo mundo que vivenciou.

O cientista tratará de traduzir a linguagem de suas fórmulas, para contar a todos o que descobriu por meio delas, o que de novo há no mundo a encaminhar novos padrões de comportamento.

Enfrentará a dificuldade da linguagem, e sua tradução poderá apresentar aspectos bizarros para os não iniciados.

O místico tentará descrever o que sentiu, o que percebeu para além do mundo dos sentidos, mas enfrentará obstáculo talvez ainda maior que o do cientista, porque, por rica e generosa que possa ser, a linguagem é carente de condições para descrição de eventos do território do sentir.

Há eventos de observação compartilhável e de observação não compartilhável.

Todos podem ouvir os sons que ouvimos e ver as cores que vemos, salvo limitações de sentidos físicos. Mas ninguém pode sentir o amor, a tristeza, a alegria que estamos sentindo num dado momento. São experiências não compartilháveis.

No criador há sempre a vontade de compartilhar o sentimento. O desespero de Picasso na *Guernica*, a maquinização do homem denunciada nas imagens do cubismo, a exasperação, a tristeza, o medo de Chopin, compondo a *Polonaise* enquanto seu país era invadido.

Teríamos a acrescentar a perplexidade dos físicos ao tentar descrever um mundo de possibilidades, num momento em que conhecer implicava dominar, junto, e por que não, com a dor de Jesus, em que o sofrimento físico somava-se ao tormento de se ver não compreendido, que o levava a pedir perdão ao Pai para aqueles que o dilaceravam, porque não sabiam o que estavam fazendo.

A mensagem, resultante da ação recíproca do divino e do humano, não fora entendida. No aspecto da comunicação do novo modelo de convivência, um insucesso, mas, numa escala em que o tempo, diríamos, é só uma questão de tempo, o vislumbre do grande criador percebia e previa a nova e vigorosa tentativa de comunicar à humanidade, de modo mais expresso do que o obtido por parábolas, por meio do consolador.

Era a percepção da muito provável possibilidade de recriar e confirmar a boa-nova. A criação do caminho de crescimento e evolução.

Como sempre há algo de sutil na expressão da criatividade, muitos artistas, pensadores, mensageiros, pioneiros, no sentido de estarem à frente de seu tempo, construindo possíveis futuros, permaneceram incompreendidos por seus contemporâneos.

A intuição e a matemática têm previsto até mesmo entes físicos só detectados muito tempo depois.

É o caso do antielétron de Durac, do bóson de Higgs e da Teoria das Cordas, concebida pelo físico Leonard Susskind a partir do exame da função gama de Euler, descrita em equações escritas há 200 anos.

Susskind fez seu universo penetrar no universo das equações de Euler. Teve delas a mágica visão criativa e elaborou a Teoria das Cordas.

Em que pese o atual sucesso dessa teoria e sua quase unânime aceitação na Física contemporânea, o primeiro artigo escrito pelo criador, Susskind, apresentando a nova visão a seus pares da universidade, teve como resposta a afirmação de que o artigo não deveria ser publicado.

Presos às cordas do velho paradigma, os cientistas – que nem sempre pensam cientificamente – consideraram não ter a teoria a menor relevância, tratando-se, em essência, de mera especulação a partir de uma fórmula matemática.

Mas o ato de criar estava realizado. Seu artífice mantinha o grau de absorção e a intensidade de foco, condições imprescindíveis à criatividade e que excluem de seu plano aquilo que chamamos os exotismos novidadeiros, de qualidade sempre duvidosa, às vezes confundidos com criatividade.

Esta é um encontro que requer foco, dedicação, busca permanente, configurada na assertiva de Einstein ao privilegiar a transpiração, sem a qual não colapsamos a inspiração, ou seja, não criamos, não propiciamos o encontro do mundo do criador com o mundo objetivo, gerando essa união, conforme esclarece Platão no *Timeu*, um novo elemento, com propriedades diferentes daqueles que uniu.

Sem esse encontro, mantido pelo querer, buscado com muita energia, estaremos praticando o que a psicologia chama criatividade escapista.

Isso nos levará a querer atribuir significativo conteúdo conceitual a produções daquela arte de ocasião, o que se manifesta muitas vezes nos que querem interpretar certas letras de músicas, muitas delas escritas apenas com a finalidade de rimar ou produzir aliterações, quando tentam interpretá-las exercitando a hermenêutica da mesmice.

Ocorre o mesmo quando, pressionados pelo célebre argumento de autoridade, atribuímos significado diferenciado a ditos de um guru de plantão, o que seria cômico se não fosse trágico.

Ocasiões ocorrem em que as ideias chegam, mas não são materializadas. Induzem um falso contentamento, uma falsa realização, para quem acredita que tem tudo para fazer, mas não faz.

Caracteriza o que se denomina desperdício de talentos. Pessoas portadoras desse mal contentam-se em sublimar.

Criam o encontro como possibilidade, estabelecem as coordenadas, mas não realizam o encontro. Falta determinação, falta coragem, talvez porque o resultado do encontro não seja determinável como a soma de dois números naturais.

Falta cortar a corda que permite andar até a fronteira da potência com o ato, mas não permite o ingresso no território deste.

Sabemos, de Aristóteles, que potência é uma capacidade de realizar algo e ato é sua realização.

A incapacidade de soltar as amarras da potência para chegar ao ato se exemplifica na atitude de alguém que, tendo marcado um encontro romântico com uma pessoa amada e tendo definido hora e local, contenta-se com o fato de ter conseguido marcar o encontro, mas não comparece a ele. Medo.

E nosso encontro com a vida? Ocorre? E se ocorre, em que condições? Fazemos projetos e nos empenhamos em realizá-los, ou nos contentamos pela simples capacidade de ter projetado?

Não podemos esquecer que vida é amor. Nosso encontro com ela é o mais amoroso dos encontos e, consequentemente, imprescindível. Um encontro de amor que se deve realizar todos os dias e que devemos buscar afanosamente.

Somos a obra-prima de nós mesmos, realizada em nosso encontro com a vida, encontro esse que envolve nosso mundo subjetivo, o mundo de nossos projetos e aspirações, com o mundo da vida, tal como se nos apresenta.

Desse encontro, com recíprocas influências, surgirá o nosso viver, nossa obra-prima. E uma obra-prima de qualidade requer a presença permanente do amor.

Entre as distorções e desvios da criatividade, encontramos o caso dos vaidosos, acomodados desejosos de exibir uma capacidade que não possuem.

É sua característica fazer afirmações do tipo: "Se eu quisesse, poderia isso e mais aquilo." Como se o pensamento subjetivo de se entender capaz de amar, a ponto de amar, contivesse todo o ato de amor em si mesmo e fosse suficiente, por ser equivalente ao ato.

É como se a convicção de que devemos ser éticos, de que fora da caridade não há salvação, por si só equivalesse aos atos éticos e de caridade, dispensando-nos de sua prática.

A caridade, a ética, o amor só existem no ato. O mesmo com a criatividade.

A criatividade, sob pena de se tornar escapista, exige o encontro que caracteriza a criação em si.

Imaginemos: Alguém compra um barco apropriado para a pesca e todo o equipamento correspondente. Contenta-se com o fato de ter à sua disposição todo o material e possibilidade para pescar. Isso é potência, capacidade. Mas, contenta-se com o fato de possuir condições e não pesca. Vai comprar seu peixe no mercado, acreditando viver a emoção de um grande pescador. Faltou o encontro dos mundos. Não haverá criação de novas emoções, quem sabe novos métodos, novos caminhos.

É o mesmo que saber a importância da sinergia nas empresas, que entender os campos invisíveis, mas não ligar os geradores psicotrônicos, quer dizer, não pôr em marcha o pensamento vencedor, a ação no plano mental, limitando-se a planejamentos rotineiros. Não haverá o ato criativo, e velhos modelos serão reproduzidos.

Resultados? Esses, sim, previsíveis, pois Einstein já alertou: "É absurdo pretender resultados diferentes fazendo sempre as mesmas coisas".

Quem conhece a mensagem de Jesus e entende a lei do amor não pode recusar-se à prática da caridade. Seu conhecimento não aportaria energia suficiente para promover o encontro.

Um encontro entre o criador e seu mundo, é como Rollo May define o ato criativo.

O fato de ter seu mundo já indica o gérmen da criação, já é criar, subjetivamente. Expressá-lo, materializar o encontro com ele, com desejo, é criar.

Assim o cientista, fecundando com sua percepção o mundo da matemática, que também é criação do espírito humano, cria a descoberta de um novo universo, com entes estranhos, que muitas vezes se assemelham à fantasia de *Alice no País das Maravilhas*, causando choques tão intensos como os sofridos por Alice diante de um novo mundo desconhecido e imprevisível.

Surgem formas estranhas na pintura, acordes diferenciados na música, visões diferentes e intraduzíveis dos místicos em suas experiências de integração. São encontros realizados com desejo, com liberdade, com muita integração e, por isso, são atos criativos. É o talento, a percepção, a sensibilidade em movimento.

Daí deduzirmos que talento e criação equivalem a potência e ato.

Há vários estágios ou graus de realização possíveis envolvendo talento e emoção.

Examinemos alguns.

Uma forma existente: entregar-se ao material que tem em mãos. Buscar somente suas próprias convicções, usar só os recursos conhecidos, enfim tentar criar somente a partir do já existente, quer se trate de matérias, instrumentais, modelos, padrões, etc. Estaríamos diante do que se poderia considerar talento sem gênio.

Outra forma, já mencionada, limita a criação ao plano mental. Há a visualização, a percepção das possibilidades, mas não acontece sua atualização. Como o elétron, não observado, tudo permanece numa região de possibilidade não colapsada. Trata-se do gênio sem talento que permanece embotado e desconhecido. Talento precisa circular, ser usado, passar por diferentes regiões, sob pena de coagular, como o sangue que não circula.

As riquezas, o dinheiro parado é como o sangue bloqueado, cujos coágulos são muito prejudiciais. Vale para o talento que, não atualizado, cedo ou tarde irá gerar em seu possuidor uma desagradável sensação de ter ficado muito aquém de suas possibilidades. Uma pesarosa sensação de não ter feito o bem a si mesmo.

Podemos lembrar a parábola dos talentos, do Evangelho, que deveriam ser multiplicados por seus donatários.

Podemos comparar o talento, possibilidade intelectual, com o dinheiro, na visão de Deepak Chopra, quando diz:

O dinheiro é uma energia que recebemos em troca dos serviços que prestamos à humanidade e, para que continue chegando a nós, devemos mantê-lo em constante circulação.

Vale, comparativamente para nossa capacidade criativa, transformadora, que adquirimos ao longo de nossas experiências e devemos atualizar, materializar, para nossa satisfação e, quem sabe, benefício de muitos. E tudo isso retorna.

Pois a ampliação do nível de consciência, tarefa inerente ao processo de evolução e crescimento espiritual, determina a energia do encontro e, com ela, um alto grau de recompensa.

Para tanto, mister se faz dedicação. Não podemos usar a vontade no sentido de desenvolver um desejo de ser criativo, mas, sim, para conseguir o encontro, intensificando a dedicação.

O querer que aqui referimos não é o querer infantil, muitas vezes repetitivo, do quero ser um grande médico, quero ser um cientista de ponta, quero vencer na vida e, muitos acrescentam a esse *querer*, sem fazer força.

Não pode ser o querer apenas enunciado à saciedade, num bastante presunçoso "eu posso ser se e quando quiser" e estático nos dizeres a muito pouco chega porque, de fato, a nada se dedica.

Dedicação somada a talento. A própria constatação de Einstein na equação do sucesso, envolvendo talento, que todos temos em diferentes graus, com variadas aptidões e dedicação, que todos podemos ter na medida em que quisermos.

Então, não se trata de colocar energia no pensamento direto de querer sim, mas na dedicação que tornará a vontade realizada.

A dedicação é o comprometimento com o encontro ideal para criar o desejado, na união sujeito-objeto, observador-observado.

Torna-se então necessário eliminar a dicotomia sujeito-objeto, presente na psicologia tradicional, bem como na física clássica, ambas analíticas.

Capra, em sua vivência de integração cósmica, sentiu-se uno com o universo. Há o ponto em que o observador enxerga a paisagem como seu componente e não como algo ou alguém fora dela.

O homem do campo prevê o tempo do dia seguinte olhando para o horizonte ao entardecer. Não introduz na natureza qualquer aparelho de medida, estranho a ela, para depois interpretar a leitura dos dados colhidos. Não, ele mesmo entende o todo em que se integra, como uma célula percebe as mudanças do organismo que compõe.

É a fusão do um no todo, sem perda de identidade. É a percepção de que não existe o observador aqui e o fenômeno ali, sem conexão, que não há um ser humano à parte da natureza, mas como parte constituinte dela, afastando a concepção perversa que entendia poder o homem agredir a natureza sem que disso decorresse qualquer consequência para ele.

Por isso, só ampliando a consciência percebemos a possibilidade do encontro e o realizamos. Encontro nosso com nossa ideia de mundo, de sociedade, de espiritualidade, norteados por dedicação e bom-senso.

Na ampliação de consciência, a percepção se torna mais aguda, os sons mais audíveis, as cores mais vívidas a comprovar não uma obnubilação, mas, ao revés, uma percepção amplificada que permite sentir, perceber e consequentemente viver o antes imperceptível, sem redução da acuidade sensorial, num estado superior de conexão que permitiu a Krishnamurti exclamar: "Eu sou esse mundo todo".

Não há moléculas sem átomos, não existe organismo sem células, não existe organização sem pensamento, não existe criação a partir do acaso, nem o humano sem emoções.

Ao contrário de axiomas antigos, de que eram prenhes as organizações políticas e religiosas, que apregoavam a separação entre razão e emoção, pois essa impediria o bom desempenho daquela, sabemos hoje que a razão funciona melhor com a emoção presente.

Somos movidos a emoções, das quais não podemos ser amos nem escravos. Compete ao espírito coordená-las.

Os franceses têm um verbo muito significativo em relação ao tratamento que devemos dar às emoções. Não falam em controlar, pois controle é domínio absoluto, mas usam o verbo *maîtriser*, que significa algo no sentido de agir como mestre.

A união razão, emoção a ambas fortalece, propiciando, segundo Nietszche, a fusão do dionisíaco com o apolíneo, isto é, da emoção, característica das ações do deus Dionísio, o Baco dos romanos, com a organização, o racional, personificado em Apolo.

Nessa fusão, segundo análise de Nietszche a respeito do teatro grego na obra *O Nascimento da Tragédia,* estão os pilares da tragédia grega.

A criação da vida, do caminho, das vivências depende de razão e emoção.

A visão antiga, castradora das alegrias de viver, ao proibir a emoção, podava a razão, transformando-se numa receita infalível para a infelicidade, para o marasmo, para o conformismo.

E, se a essa proibição da alegria de viver somarmos as falsas culpas que nos inculcaram, que já portávamos antes da concepção, culpas às quais a própria concepção se somou, por ser ato pecaminoso, teremos o homem despido de esperança, anódino, sofrido, transferindo qualquer possibilidade felicífica para depois da vida.

Os pastores do medo e da moral repressiva falarão de uma felicidade, só atingível num outro mundo, adquirível pela moeda de troca do sofrimento nessa vida, para pagar o perdão das inumeráveis culpas possuídas.

É a proibição do ideal e a eliminação de qualquer possibilidade criativa. É dizer: não existe o teu mundo. Há um mundo só, sombrio e sofrido, e qualquer percepção além disso é genuinamente loucura.

Reagindo a esse panorama, temos que ter consciência de nossa situação de cocriadores, e a busca dessa consciência é um trabalho diário que precisamos executar. Há uma tendência de ficar inconsciente, de viver a vida em piloto automático, não prestando atenção às pequenas coisas, muito menos às influências não coisificadas, de campos invisíveis que atuam sobre o visível.

É difícil tomar consciência de pequenas coisas, bem como dos campos invisíveis que permeiam, influenciam o espaço visível.

Mas, já que falamos em criação, poderíamos entendê-la, mesmo que em circunstâncias raras, como fruto do acaso, do lampejo ou do eureca do gênio?

Há coisas que sabemos ou pretendemos saber.

Por vezes, há uma luta entre a certeza querida e a dúvida indesejável. Uma polaridade que, segundo Jung, pode estar entre o consciente e o inconsciente. Na verdade, um conflito estabelecido diante da busca de resposta unitária e decisiva a respeito do verdadeiro ou falso, do ser ou não ser.

Mas, vimos que essa luta é antiga e decorre de antigas pretensões de controle.

Hoje, devemos nos habituar a um mundo novo, com possibilidades que vão além dos postulados da lógica dos predicados de primeira ordem. Além do verdadeiro ou falso, há um mundo mais rico em soluções que permite a substituição, em determinados campos, do ser ou não ser por um ser e não ser, em função da consciência do observador.

Não equivale a dizer que o critério do falso ou verdadeiro não seja válido em circunstâncias bem definidas. Mas, sua aplicação não é ilimitada.

No terreno das doutrinas, religiosas ou não, quando se deixam as pessoas dominar pela fé cega, há a criação da necessidade de crer de modo absoluto. As dúvidas, presentes em todo o processo superior de investigação, mormente na científica, são sinônimo de descrença, de vacilação, diante de informações inquestionáveis, dadas, talvez, pelo todo-poderoso. Duvidar na fé é questionar Deus, e esse Deus castiga os questionadores.

Não só no terreno teísta essa imposição de fé dogmatista e absolutista se impõe. Muitas vezes, ateus e materialistas negam um deus para trocá-lo por outro, pela necessidade absoluta de certezas imutáveis, de resultados certos, sem mudança de rumo que caracteriza os regimes totalitários.

Os comunistas gostam de repetir a expressão de seu líder máximo, segundo a qual a religião é o ópio do povo, sem se dar conta de que o comunismo se transformou no ópio dos intelectuais, às vezes apenas intelectualoides de esquerda. Talvez daí, do ópio, decorra sua permanência fiel na crença em um modelo que não pode apresentar até hoje um exemplo de aplicação de que decorresse liberdade e prosperidade.

Examinando os dois ópios e seus destinatários, poder-se-ia dizer que as pretensões de Deus foram bem mais modestas. Vale?

Pois esse tipo de fé, religiosa, político-partidária, inimiga da razão, gera uma dúvida inconsciente, que vai se avolumando. E, quanto maior essa dúvida, maior a necessidade de defender dogmática e ferozmente determinados posicionamentos. Dúvidas, em qualquer terreno, não devem ser reprimidas; devem ser examinadas, com a coragem científica dos que admitem que mudar de ideia diante de novos fatos e novas provas é vocação para o progresso.

A dúvida hoje recalcada para a manutenção de uma crença dogmática pode explodir, encaminhando à descrença plena.

Reside nessa tendência de acomodação ao dogmático, que traz o perigo das falsas certezas e da imutabilidade, a dificuldade dos novos paradigmas. É preciso derrogar leis vigentes, torna-se necessário eliminar partes de um raciocínio global, se não todo, para efetuar uma substituição.

Essa renovação, essa eliminação, mesmo que parcial, de elementos constitutivos de um todo paradigmático causa apreensão e revolta nos fundamentalistas do paradigma em queda e traz, aos criadores do novo modelo, uma espécie de culpa – somos extraordinariamente hábeis em nos encher de culpas, o que é muito mau – por destruir algo existente.

O cientista CORTA A CORDA que o atrela ao modelo antigo e sem destruí-lo, livre das amarras que a ele o prendiam, parte para a construção de um novo modelo.

Na verdade, existem derrogações, que significa revogações parciais, na maioria dos casos. Dentro do possível, o modelo antigo não é destruído, mas ampliado, continuando aplicável aos problemas de que dá conta.

Na Física, a criatividade sempre esteve associada à liberdade, à dedicação e à coragem necessárias muitas vezes para contrariar velhos preceitos.

Heisemberg, colocando a incerteza em lugar de certeza, destruindo convicções antigas, mas abrindo a filosofia da ciência para o livre-arbítrio.

Einstein e a relatividade, destruindo a pretensão do fenômeno *per se*, mostrando que tudo depende do observador e que o tempo muda em função da velocidade.

A Quântica traz ao palco dos acontecimentos científicos a consciência do observador e algumas bizarrices, sob o ponto de vista do enfoque antigo, e entre elas, o enigmático e até hoje não resolvido problema do gato de Schröedinger.

Novos mundos, novas visões. Corta a corda da própria materialidade da matéria.

É muito importante observar que o que se destrói não é um modelo, mas a corda não permite ir além dele.

Toda pesquisa científica, na busca da criação de um modelo novo, gera certa dose de angústia e de dúvida. O cientista sempre procura a contraprova de suas hipóteses e, em certos momentos, deixando a mente livre, de modo a permitir o fluxo da intuição, tem a visão perfeita do problema. A angústia de uma paixão supostamente irrealizável cede espaço à concretização do ideal.

No espírito, na mente, as ideias livres da pressão que angustia se organizam inteligentemente, abrindo-se um espaço para a inspiração. É o ócio criativo.

É a solução vinda do universo, segundo Chopra, quando, no desvão entre dois pensamentos, num momento de silêncio do ego, a solicitação, a dúvida é lançada no cosmos, que responde. Evidente que a resposta virá para quem puder compreendê-la, o que implica ter havido dedicação à sua busca.

Einstein informa que muitas vezes passava horas e horas buscando a solução de um problema. Subitamente, ao se permitir uma pausa no torvelinho das elucubrações e do exame de fórmulas, vinha-lhe à mente a solução. Acaso? Não! Encontro decorrente de dedicação intensa.

Thomas Alva Edson costumava cochilar rapidamente à beira de sua mesa de trabalho, apoiado em sua bengala. A bengala escorregava e ele despertava sobressaltado e com uma nova invenção, uma nova criação em sua mente. Acaso? Não! Encontro marcado e consumado pelo caminho da dedicação intensa.

Poincaré, o matemático, relata que, após uma noite maldormida, consequência de um café muito forte que tomara, contrariando seus hábitos, acordou, embora antes de dormir tivesse sua mente inquieta e assaltada por sequências de pensamentos, com a nítida solução do problema referente à existência de um tipo especial de funções matemáticas.

Após acordar, seu trabalho imediato foi a transposição para o papel da solução que viera à tona. Evidente que não foi acaso. Foi encontro.

De Arquimedes a Kekulé, com o radical benzênico, o mundo da ciência está cheio de exemplos que demonstram à saciedade que a descoberta, a criação, pode ser provocada num momento estranho, em que não se pensa que poderia acontecer.

Mas jamais aconteceu sem ser precedida do esforço criativo, do encontro de mundos que apaixonadamente elaboram uma nova criação.

Por outro lado, o descansar do nada, o ócio como suposto intervalo de descansos podem no máximo inspirar posições mais confortáveis para dormir.

O ócio criativo é uma pausa numa busca persistente, intensa e adequada. É o momento em que Apolo aceita o convite de Dionísio e a ordem namora o prazer.

E em nossa vida? Realizamos esse tipo de encontro modificador, ou apenas retratamos uma paisagem que nos é oferecida sem lhe emprestarmos os matizes do nosso mundo interior, do nosso espírito sempre em potencial progresso?

Estive a pensar sobre isso. Vamos resumir.

Vinícius de Moraes disse: "A vida é a arte do encontro, embora haja tantos desencontros". Todas as pessoas buscam uma vida dinâmica, focada na possibilidade de muitas realizações, o que depende essencialmente de um fator: criatividade. E a criatividade se materializa pelo encontro.

Quantas vezes nos vem à mente um excelente projeto, ou uma grande ideia, mas deixamos que isso fique restrito ao plano mental. Não levamos o *insight* adiante e, consequentemente, abortamos o ato criativo, contentando-nos apenas com a possibilidade latente, a potência que não chegou a ser ato.

A criatividade, o ato de criar, sempre implicará um encontro do artista, do pensador, com a experiência de realizar suas possibilidades.

Representa, como numa grande composição musical, ou elaboração de um quadro magnífico, o relacionamento, o encontro real do criador com o seu mundo, quando pelo ato de criação se elimina a separação entre o sujeito e o objeto.

Reside aí a diferença entre um pintor e um fotógrafo.

O último, através de sua câmera, reproduz a imagem de um mundo objetivo. Naquele, o pintor, integra-se com forte emoção à natureza que descreve, a partir de sua maneira de sentir. É criador, vivenciando a unidade com a natureza e está integrado no encontro com ela. Não é artista e natureza, é artista na natureza.

São momentos em que razão e emoção se fundem, negando a antiga tese dicotômica segundo a qual devemos optar alternativamente entre elas.

Daí, o dizer do escritor e psicanalista Rollo May, alertando que só se vê realmente aquilo com que se está emocionalmente ligado. Não é diferente de Saint Exupéry ao afirmar que o essencial é invisível aos olhos, que só se vê verdadeiramente com o coração.

Nietzsche vê a criatividade do teatro grego como a fusão de dois mundos: o dionisíaco, representando a emoção, a paixão, a intensidade de sentimento, e o apolíneo a identificar a ordem, a sequência lógica, a razão.

Pois, em nossa vida, seremos fotógrafos, apanhando com detalhes o que está fora de nós e, incluindo-nos na foto, restringindo nossas possibilidades num retratar do óbvio, ou vamos criar. Para tanto, necessitamos de razão e de emoção e de um encontro – aí o ato criativo –, com a realização de nossos objetivos, a materialização de nossos sonhos, o que só conseguiremos estando emocionalmente ligados à vida e ao viver.

Nosso existir deve manifestar a linguagem através da qual expressamos o nosso mundo.

Elaborar projetos, identificar talentos, buscar ideias e transformações, é potência. A experiência, a vivência, o esforço para transformá-las em realidade é ato.

O encontro dos dois, com forte e indispensável dose de paixão, levará ao êxtase criativo que fará de cada um o "arquiteto de seu destino".

Fotógrafos, ou pintores da vida? A escolha é nossa.

Por evidente, sua realização também dependerá de cortar cordas.

Vamos a mais algumas.

Presos ao passado?

A ideia reencarnacionista, aceita desde antes de Cristo por filósofos como Sócrates e Platão, vem ganhando adeptos, nos movimentos espiritualistas em geral, mormente depois dos estudos de Allan Kardec e do *Livro dos Espíritos*, onde, com grande logicidade, eliminando confusões com outras doutrinas, como a da metempsicose, é expressa em consonância com a lei do progresso, permitindo a noção de justiça associada com o amor que dá múltiplas oportunidades a todos.

Entendemos termos recebido as mesmas oportunidades, a partir de um começo incipiente na oportunidade de evoluir no terreno do conhecimento e do amor.

Todos evoluímos, pois progredir é a lei, mas não o fazemos no mesmo ritmo, ou seja, com a mesma velocidade.

Pode haver, por nosso exercício do livre-arbítrio, um maior ou menor aproveitamento das oportunidades recebidas.

Esse aproveitamento decorre de conjunções de aprendizado, maturidade do espírito, de vidas passadas, mas, principalmente, de um impulso para o progredir que exercitamos no presente.

Cada existência é uma nova oportunidade para crescer, concertar relações e exercitar o aprendizado do amor no rumo da felicidade.

Por isso, embora saibamos que, pela própria condição humana, cometemos erros em vidas passadas, não é buscando culpas nelas existentes que iremos desempenhar de modo adequado nossa tarefa.

Entendendo a reencarnação como pressuposto, não é de nosso interesse aqui discuti-la, como norma de evolução, mas elencar algumas consequências decorrentes de seu entendimento, alertando no sentido de que essa maravilhosa explicação da lei da evolução espiritual e corolário da justiça divina não seja entendida como mero e, muitas vezes cruel mecanismo de imposição de sofrimentos.

Uma vez que não podemos mudar o passado, é perda de tempo manter-se preso a ele.

O assunto deve ser tratado com cuidado, bom-senso, para evitar a queda na mesmice de teorias reducionistas que confundem os princípios norteadores da reencarnação com uma ideia equivocada que têm em relação ao carma, terminando por não entender nem uma coisa nem outra e fazendo de ambas péssima divulgação.

Embora nos acontecimentos presentes sempre possa haver reflexos, consequências do passado, é nesta vida que podemos usar nosso livre-arbítrio para fazer as melhores escolhas.

Não esqueçamos que Chico Xavier sempre privilegiou as ações atuais, advertindo que ninguém pode mudar o passado, mas qualquer um pode, a partir do momento em que se decidir, começar a construção de um futuro melhor.

Se não nos é aconselhado julgar as outras pessoas sem termos sólida base de percepção para fazê-lo, por seu procedimento atual, muito menos se deve condená-las pela suposição de um passado à margem do bem e do amor.

Julgar sofrimentos atuais dos outros atribuindo-lhes pecados de vida passada é pretensioso, além de se constituir numa negação da tarefa de ajudar que consubstancia a prática da caridade.

A grande e mutável realidade é o presente.

Lamentavelmente é muito comum ouvir os reencarnacionistas de plantão, diante de uma tragédia, explicarem do alto de seu potencial de onisciência reencarnatória, como e por que as vítimas da tragédia mereceram-na em vida anterior.

É uma maldade e leviandade, diante de pessoas enlutadas por uma tragédia que vitimou seus familiares e amigos, ainda culpar as vítimas porque estariam pagando atrocidades cometidas em vidas passadas.

É dizer ao pai da vítima de assassinato que seu filho foi um assassino e agora está pagando por seu crime.

É julgar o planejamento da espiritualidade como um projeto mesquinho de vingança e castigo.

Será que todos os mortos de Hiroshima e Nagasaki queimaram gente em vidas passadas? Que monumental e cruel logística teria de utilizar o plano espiritual para colocar aquelas centenas de milhares de pessoas no mesmo lugar e hora para receberem terrível castigo?

São pensamentos desse jaez que fazem muito mal à divulgação do princípio da reencarnação e à crença num Deus misericordioso.

Isso transforma Deus num credor cruel, que à maneira permitida pelo Direito, em alguns povos, cortava um pedaço do corpo do devedor inadimplente. Pura vingança, pura expressão de ódio, pois o prejuízo financeiro continuava.

Então, não é porque A matou B numa vida passada que na atual, aplicando divina sentença, B vem ao mundo para matar A.

Onde a lei do progresso? Onde o amor? Onde a evolução?

Não teríamos nem mesmo o concerto de relações, tão necessário à saúde física e espiritual.

Aos que erraram é dada a oportunidade de resgatar seu erro. Muitas vezes, quando o erro prejudicou outros, terá o chamado devedor oportunidade de ajudar aqueles a quem impôs sofrimentos, por exigência de sua própria consciência. E isso não é compatível com o pensamento pequeno que entenderia que se A prejudicou B, agora volta para ser prejudicado por B.

Muitas vezes, inclusive, vencer tendências e superar mágoas do passado é o caminho do crescimento espiritual.

Vamos exemplificar examinando importante teoria de um grande pensador do Direito Penal, Cesare Lombroso.

Na obra *O Homem Delinquente*, Lombroso dedica-se a minucioso estudo sobre os delitos e a mente dos delinquentes.

Chama a atenção, de modo especial, a relação estabelecida pelo pai da Antropologia criminalista entre a conformação craneana e a propensão para o crime. Segundo tal concepção, o criminoso violento, por exemplo, teria uma conformação identificável da caixa craneana e uma face que seriam indicadores de tendência a crimes desse tipo, tendência essa, na visão lombrosiana, muitas vezes irreversível.

O Direito Penal contemporâneo não adota, ao menos na íntegra, essa teoria, até porque criminosos sanguinários existiram, cuja conformação do crâneo e figura da face nada têm a ver com a expressão *facies lombrosiano*.

Há uma explicação para a discrepância entre conformação craneana e tendência, muitas vezes irrefreável para crimes violentos, na visão de Lombroso, e o fato de haver criminosos com e sem as características elencadas pelo criador da Antropologia Criminalística e, também, muitos indivíduos, com características tipicamente lombrosianas e um comportamento social exemplar.

O estudo continuado da reencarnação fornece subsídios à explicação da concordância ou não entre características físicas identificadoras de tendências homicidas e a concretização de tais inclinações.

Aquele ser que viveu uma vida pregressa de violência traz em seu espírito essa tendência e manifesta-a, via perispírito, no próprio corpo físico que lhe servirá de veículo na nova encarnação.

Se não conseguir libertar-se dessa tendência à violência, que já praticou e que marca seu próprio veículo físico, vale dizer, se não superar as novas provas, sucumbirá, confirmando a tendência marcada na própria expressão facial e na configuração física.

Se, no entanto, atender aos chamados do amor e da fraternidade, superará suas provas e seguirá o caminho do bem. Será a não corroboração da hipótese da vocação criminosa.

Sejam ou não determinadas características físicas a marca de comportamentos pregressos, o importante é não rotular, e ter em conta o livre-arbítrio pelo qual escolhemos entre seguir boas ou más tendências de outras vidas, ou da atual.

Daí a importância de não rotular, de não julgar sem base e de saber romper cordas que nos prendem a um passado remoto ou recente, para não ficarmos jungidos ao âmbito de sua extensão e podermos conquistar outros patamares de atividade e progresso espiritual.

O conhecimento da reencarnação, um grande progresso no caminho de entender a espiritualidade humana, não pode ser apequenado, até mesmo amesquinhado pelos que se arvoram em juízes e intérpretes das penas oriundas de outras vidas.

Há que entender que vivemos num mundo onde acidentes probabilísticos não são apenas possíveis, mas são até mesmo prováveis. É a Física Quântica que faz essa afirmação.

Por se arvorarem em intérpretes, embora não autorizados pelo conhecimento, das vidas passadas de outras pessoas, muitos há que, diante de uma tragédia qualquer, não enxergam senão uma espécie de vingança divina e passam a identificar, de modo impiedoso e equivocado, a vítima como criminosa d'antanho.

Isso faz muito mal à ideia da reencarnação.

É impiedoso para um pai que sofre a morte de um filho ouvir um palpiteiro qualquer, muitas vezes até travestido de médium, dizer que seu filho está pagando por crimes terríveis que cometeu, o que inclui o assassinato cruel e a tragédia horrorosa como prática da justiça divina, além de tornar o criminoso do momento em agente de Deus.

Melhor refletir, quem sabe calar, do que fazer essa confusão tão corriqueira entre reencarnação, lei do progresso, carma e vingança divina. Tal confusão é um retorno à concepção de um Deus vingativo, mesquinho, tribal, tão longe daquele conceito de pai amoroso e inteligência suprema.

Chico Xavier já advertiu sabiamente ser impossível mudar o passado.

Então vamos cortar a corda que nos prende a más condutas antigas e saltar para melhores escolhas.

Vamos olhar a vida com equilíbrio e utilizar de grande cuidado e prudente caridade quando tentamos buscar no passado as causas de acontecimentos presentes. Elas até poderão estar lá mas como eventuais provocadoras de possibilidades e nunca como rígida certeza em relação a seus efeitos.

Pensemos com algumas gotas de raciocínio lógico: Se A matou B ontem, e isso aconteceu porque B matou A em outra vida, estaremos diante da mais pobre possibilidade de justiça. Ter-se-á realizado a hipótese menos feliz em relação ao progresso de ambos, numa obstinada contrariedade ao "progredir sem cessar."

Então, julguemos menos; entendamos que a maioria das coisas desta vida se decidem em função desta que estamos vivendo agora e procuremos entender a reencarnação como uma Lei de Progresso a expressar justiça e amor, e não vingança divina.

Vamos buscar nosso progresso sem pensar que trazemos culpas e condenações do passado. Não vamos substituir a corda tosca do pecado original pela corda sofisticada da prisão aos eventos do passado.

Vamos deitar fora as falsas culpas e entender que acima de tudo vivemos neste planeta para aprendermos a amar e para sermos felizes.

Para isso, vamos cortar as cordas que nos prendem a falsas culpas, a pecados de origem e outros tantos e voar para um amar sem culpa e sem limites, no rumo da felicidade.

Mas, cabe ainda a lembrança: não é só a um passado remoto e não lembrado, vivido em outras vidas, que muitos se amarram.

Também há os ressentidos, os que, incapazes de esquecer, um agravo, se mantêm presos a ele, a cultivar rancores, ressentimentos e projetos de vingança, o que identifica uma incapacidade de perdoar. Essa incapacidade de perdoar envenena a alma e prende o indivíduo a uma série de emoções desagradáveis que, relembradas, são revividas pelo cérebro, ativando redes neurais que deveriam ter sido de curta duração e envenenando as células, trazendo prejuízos mediatos e imediatos ao sistema circulatório, em particular, e ao todo orgânico em geral.

Temos que ser muito mais do que recordações negativas e busca de desagravos.

É imutável o passado, e ficarmos presos a ele, principalmente por lembranças negativas, é prejudicial e profundamente desinteligente.

Mágoas e ressentimentos são grilhões que nos prendem e nos impedem de construir um futuro de luz, harmonia, progresso, a partir de um presente vivido em harmonia, com amor à vida e insuperável vontade de vencer.

Tudo começa com nosso pensamento. Onde o colocamos? Em tristezas decorrentes de fatos passados que jamais mudaremos, o que é jogar fora, literalmente, energia vital, ou na construção da vida que começa no momento em que quisermos, desde que esse momento, em nossa escala de tempo, esteja situado daqui para a frente?

Sabemos que somos os artífices de nosso destino. Que temos livre-arbítrio, e, consequentemente, compete-nos efetuar as melhores escolhas, o que implica focar a mente na vivência e construção do progresso e da felicidade.

Fazê-lo, depende só de nós.

Além do mais, é-nos conhecido o fato de que todos evoluímos, porque progredir é a lei, a partir de um mesmo estado de consciência inicial, mas em ritmos diferentes. A escolha do ritmo é ditada pelo maestro, o espírito, aos músicos, nossas células, órgãos e sistemas, que, seguindo as orientações do maestro, poderão executar a extraordinária sinfonia do viver.

Então, o voo para a realização de nossas potencialidades depende de cortar a corta das mágoas, romper os grilhões dos rancores, quebrar o paradigma de que a vida é uma pena imposta a cada um para se libertar de pecados e passar da lamentação para a celebração.

Celebrar a vida e suas oportunidades únicas e irrepetíveis. Cada um que agora está lendo esta página vive uma experiência de vida que jamais será a mesma. Faz-se mister, portanto, aproveitá-la em grau supino.

As alternativas de momentos mais ou menos felizes, de tristezas e alegrias, faz parte do jogo. Saber jogá-lo, sem se deixar prender pelo desânimo e pela valorização exacerbada de insucessos é atitude compatível com a denominação que elegemos para nos classificar na natureza: *Homo sapiens*.

Perdendo o medo de ser feliz, voando como gaivotas que podemos ser, ao invés de cacarejar e saltar como galinhas que se acreditam cheias de pecados, estaremos criando um campo energético propício ao desenvolvimento de nossa capacidade de criar uma vida de êxito e realizações.

Também seremos, a partir da criação desses campos energéticos, capazes de atrair, para reforço de nossos empreendimentos e consecução de nossos ideais, pessoas vibrando na mesma frequência.

Assim, formaremos grupos, com diferentes objetivos, empresarial, familiar, escolar, espiritual unidos por um importantíssimo denominador comum, condição necessária ao sucesso: a fé nos objetivos propostos e na capacidade de realizá-los. Viveremos o momento oportuno em que o observador colapsa, numa onda de possibilidades, a realidade objetiva que busca.

Verificaremos que a união de muitos não será expressa, em sua capacidade de realização, apenas por uma soma, resultado simples da operação adição, mas pelo surgimento de um novo todo, maior do que a soma de suas partes, em que o elemento de ligação jogará papel importante.

Aqueles a quem compete a missão de liderar, num novo conceito de mundo e sociedade, em que a sinergia substitui a força e o amor é superior ao medo, se caracterizarão pela contagiante fé em si mesmos e em seus empreendimentos.

A participação de todos não será apenas algo do tipo adição de vetores, de resultado determinável, uma vez que se forneça o módulo, a direção e o sentido de cada um.

Embora a comparação seja muitas vezes adequada, quando se dispõe de elementos vetoriais dados, cada um com um módulo (intensidade), direção e sentido, é possível determinar a intensidade, a direção e o sentido do vetor resultante, aquele que representa sozinho o resultado da atividade de todos – isso se aplica, por exemplo, para determinar a soma de várias forças – esforços ou forças pessoais podem variar instante a instante, o que torna imprevisível o resultado.

Por isso, para evitar arrefecimento de forças, o campo mental, em muitos casos com influências pluridimensionais, deve ser mantido energizado, o que se consegue mantendo a convicção e o foco nos ideais planejados. Isso contempla necessariamente o vislumbre de alternativas, pois, como já dissemos, não há causalidade rígida, ou seja, previsibilidade absoluta.

Atrações

No mundo da Física existem atrações e repulsões.
Vamos confessar que no de nossas relações também.
É interessante observar que quando dois elementos, partículas ou corpo se repelem, deixando-se atuar as forças de repulsão, haverá um afastamento dos entes, um saindo da órbita de ação do outro, sem que em qualquer um deles haja alguma modificação.
Comparando com nosso âmbito pessoal e tomando modificação por transformação, entendemos que muitas vezes não há interesses comuns, nem afinidade vibratória entre pessoas e a essas não se deve obrigar a permanecerem juntas.
Não há elementos comuns em seus projetos, pensam de maneiras absolutamente diversas, nada tem uma a oferecer que possa gerar o progresso da outra ou de ambas, e então convém tirar uma do campo de influência da outra, em que pese a Lei da Interconectividade.
Mas, vejamos a diferença: a atração, a manifestação da Lei do Amor na natureza.
Quando dois átomos ou partículas se atraem, a ação da força de atração que levará ao contato, à união, permitirá pelo contato que os dois se modifiquem.
Sabemos, por exemplo, que sob o ponto de vista da carga elétrica, os átomos, assim como os corpos, em estado natural são neutros.
As partículas responsáveis pela manifestação da eletricidade, carga elétrica, são os prótons e os elétrons, estes negativos

e aqueles positivos, com a mesma intensidade. Um par dessas partículas será eletricamente neutro.

Em estado natural, como dito, todos os corpos possuem o mesmo número de prótons e elétrons.

Assim, ao perder elétrons, um corpo fica positivamente carregado e, ao recebê-los, adquire carga negativa. Por essa razão, os corpos carregados com cargas de sinais contrários se atraem.

O corpo carregado positivamente, para se descarregar, voltar ao estado de equilíbrio, precisa receber elétrons, enquanto o carregado negativamente precisa cedê-los. Então, um precisa receber aquilo que o outro precisa dar. Quando isso ocorre entre os átomos, fala-se de atração por afinidade.

Permitindo-se o contato entre eles, se não ocorrer a neutralização – pode um estar mais carregado do que o outro –, haverá pelo menos a neutralização de um e a consequente redução do desequilíbrio do outro. Em termos de estar carregado ou encarregado de uma tarefa, transpondo para nosso caso, haverá seguramente uma redução de desequilíbrio, ou uma maior possibilidade de êxito para os dois.

Podemos pensar num par, ou num grupo. Valerão as mesmas ilações.

Também há o caso das uniões covalentes, em que elétrons de um átomo são emparelhados aos de outro, sem que nenhum perca ou ganhe, mas dividindo, tornando comum uma propriedade. Há uma comunhão parcial de bens. Pode havê-la de projetos ou ideais.

Daí concluímos que a união constrói, modifica, cria, e a desunião em nada resulta.

Mas, muitas vezes, exatamente pela prisão ao velho paradigma determinista, temos medo de agir pela impossibilidade de controlar os resultados. Desenvolvemos um medo de amar, um medo de viver intensamente a vida, fantasiado de medo de morrer e, também, o medo de sermos felizes.

Convidemo-nos a cortar as cordas que nos amarram a esses medos para podermos amar na vida e amar a vida, pois só assim nos realizamos.

Vamos, definitivamente, romper com os velhos paradigmas, não para destruí-los, mas para ir além de suas fronteiras.

Já paramos para pensar a respeito de como nasce um paradigma?

Como nasce um paradigma

Um grupo de cientistas colocou cinco macacos numa jaula, em cujo centro pôs uma escada e, sobre ela, um cacho de bananas. Quando um macaco subia a escada para apanhar as bananas, os cientistas lançavam um jato de água fria nos que estavam no chão. Depois de certo tempo, quando um macaco ia subir a escada, os outros o enchiam de pancada.

Passado mais algum tempo, mais nenhum macaco subia a escada, apesar da tentação das bananas. Então, os cientistas substituíram um dos cinco macacos. A primeira coisa que ele fez foi subir a escada, dela sendo rapidamente retirado pelos outros, que lhe bateram. Depois de algumas surras, o novo integrante do grupo não subia mais a escada.

Um segundo foi substituído, e o mesmo ocorreu, tendo o primeiro substituto participado, com entusiasmo, na surra ao novato. Um terceiro foi trocado, e repetiu-se o fato. Um quarto e, finalmente, o último dos veteranos foi substituído.

Os cientistas ficaram, então, com um grupo de cinco macacos que, mesmo nunca tendo tomado um banho frio, continuavam a bater naquele que tentasse chegar às bananas.

Se fosse possível perguntar a algum deles por que batiam em quem tentasse subir a escada, com certeza a resposta seria: "Não sei, as coisas sempre foram assim por aqui..." (Albert Einstein).

Os paradigmas, ou modelos, vão se alterando à medida que novos fatos, rebeldes ao enquadramento no modelo tradicional, vão exigindo uma explicação.

É histórico que a primeira tendência é ignorá-los, mas sua insistência acaba por dar-lhes um lugar, contemplando aquilo que a acomodação acadêmica deve denominar hipótese incômoda.

A acomodação a modelos superados exige um grande esforço dos renovadores, que não logram mudanças sem grandes lutas, nas quais, muitas vezes são alvos de ferozes ataques.

Não foi sem enfrentar grandes resistências que se pôde estabelecer que a Terra não era o centro imóvel do Universo.

Essa e outras questões levaram Einstein a afirmar ser mais difícil desintegrar um preconceito do que o átomo.

Por isso, os eternos buscadores da verdade, em qualquer terreno da atividade humana, desde o terreno da experimentação até o da fé, sempre se permitiram um ceticismo razoável. Vale dizer, buscando novas provas e argumentos plausíveis, nunca se deixando absorver pelo modismo dominante, nem se curvando ao chamado argumento de autoridade.

O verdadeiro buscador da verdade, em qualquer terreno, de modo especial o cientista, aprende com os erros e, para que tal aconteça, necessário se faz que admita a sua possibilidade.

Assim, não podem partir de algo quer considerem uma verdade absoluta.

Segundo a visão de Karl Popper, um dos maiores estudiosos do método científico e sua credibilidade, o que os cientistas fazem não é, a partir de um pressentimento sobre como o mundo funciona, reunir evidências que mostrem que o pressentimento estava correto, mas, sim, provar que suas teorias são falsas.

Para testar uma teoria é preciso verificar se ela pode ser refutada. Um cientista típico busca eventos que possam falsear sua hipótese. Parte de uma conjuntura que tenta abalar ou destruir com uma série de observações.

Para Popper a ciência é um empreendimento criativo e estimulante, mas, como regra, não prova que algo é verdadeiro. Tudo o que faz é livrar-se de falsas visões, esperando, nesse processo, aproximar-se da verdade.

Sabemos que a teoria que não pode ser falseada, que não admite a contraprova não tem qualquer chance de sobreviver no mundo da ciência. Os cientistas abalizados não perdem tempo com teorias desse tipo.

Testar uma hipótese é verificar se ela pode sobreviver à tentativa de mostrá-la falsa. Se essa tentativa é impossível, a hipótese não tem caráter científico. É mero dogmatismo ou, talvez, subjetivismo absoluto, que não permite estabelecer padrões dentro dos universais da ciência.

Um investigador da vida e das características dos cisnes poderá ter observado enorme quantidade de cisnes brancos. Haverá, entretanto, uma diferença entre dizer: "Todos os cisnes que eu vi são brancos" e generalizar para: "Todos os cisnes são brancos".

Na primeira hipótese, estará fazendo ciência, buscando mais observações e nelas uma possível contraprova. Na segunda estará realizando o que o pensador David Hume chamou "um salto no escuro", exatamente caracterizando o ponto fraco das conclusões obtidas pelo método indutivo.

Ser refutável era, segundo Popper, a principal característica de qualquer hipótese. Para ele, uma hipótese científica precisa ser exposta a situações que possam provar que ela está errada.

Isso torna o argumento de autoridade absolutamente desprezível, reduzindo-o ao nível da afirmação de alguém que diz: Há fadas invisíveis presentes no meu quarto. Não existe nada que se possa fazer para provar que essa declaração é falsa, pois as fadas são invisíveis. A declaração não é refutável e, via de consequência, não pode ser uma declaração científica.

No terreno da espiritualidade, vemos esse cuidado em Kardec, que afirmou ser preferível rejeitar verdades a aceitar mentiras, permitindo aos seguidores de sua doutrina e até mesmo aconselhando-os a não aceitarem sem exame, buscando sempre à exaustão a possibilidade de uma informação ser falseada.

Então, mais uma vez verificamos que no caminho de nossa redescoberta a abertura para o novo deve estar sempre presente.

Somos, como já se pode concluir, uma consciência em evolução, com propriedades que transcendem a percepção dos sentidos.

Já sabemos que o que se vê não é real, logo devemos buscar o desenvolvimento de capacidade para ver melhor.

Nesse terreno, tem a palavra a parapsicologia, hoje chamada Ciência Noética, que a partir do trabalho de seus pioneiros, de modo especial o casal Rhine, na Universidade de Duke, conseguiu, a muito custo, precisando inclusive da adoção de um método matemático, um lugar nas universidades.

Vamos a ela.

E, nesse sentido de ver melhor, como devemos pensar nossa vida: casual ou causal? Para responder, cabe primeiramente fazer a pergunta: Há lugar para Deus na ciência?

Há lugar para Deus na ciência?

Em relação aos avanços da ciência, com a progressiva perda de substancialidade da matéria, por incrível que possa parecer, ainda sobressai o ranço materialista de muitos que concluem sem se darem ao trabalho de investigar.

Devemos lembrar John Hagelin, Ph.D., que nos alerta de que nem todos os cientistas são científicos. E o mesmo John

Hagelin nos diz: "A iluminação é nosso direito de nascença. Fomos estruturados para isso. É o que o cérebro humano foi projetado para experimentar."

Sabemos, pelos estudos da neurociência, que as áreas dos lobos frontais associadas a funções superiores mostram-se maiores em monges budistas tibetanos, que meditam sobre a compaixão, enquanto frequências cerebrais da faixa delta crescem a níveis extraordinários. Isso leva Deepak Chopra a afirmar que as pegadas de Deus se encontram na massa cinzenta do cérebro.

Chopra ainda noticia a existência de vários cientistas, muitos considerados visionários pela ortodoxia acadêmica, que, graças, em grande parte, aos avanços para escanear o cérebro, começam a reconhecer na própria consciência um campo de estudos.

E alguns vão mais longe, sustentando que a espiritualidade é inerente ao ser humano, o que a mim parece pacífico, e que nosso cérebro, genes e pensamentos são programados para encontrar Deus.

Jeffrey Satinover, Ph.D., médico, escritor, psiquiatra e físico, adverte: "Há cientistas que, como seres humanos, podem ser tão preconceituosos quanto qualquer pessoa".

Por isso, embora os indícios veementes de uma consciência estruturadora, sem a qual o Universo seria lógica e matematicamente inconsistente, os materialistas se opõem ao pensamento idealista de que a consciência é a realidade fundamental. Não é somente um elemento sem realidade própria, um produto da nossa biologia. Muito mais do que isso, a consciência é viva, fluida, autorrenovadora e se expressa num *continuum* de níveis, do mais etéreo até a matéria mais sólida.

Isso não causaria estranheza a Giordano Bruno, que afirmava ser tudo o que existe feito por Deus e de Deus, o que leva a entender a consciência do átomo.

O velho paradigma científico nos transmitia o dogma do "tudo é material" e nos ensinou a enxergar assim. Viciou nossa percepção, acostumando-nos ao erro, à crença nele, como se fosse decorrência do conhecimento científico.

A interpretação mecanicista do Universo, base argumentativa do materialismo dialético, levou à afirmação de Karl Marx: "A religião é o ópio do povo". E criou um sistema mais dogmático do que qualquer religião conhecida e matou mais do que qualquer ato de fé, a divergentes de suas ideias, da mesma forma, e manifestando a mesma intolerância dos maus religiosos que condenava.

Onde essa dogmática deu certo?

Em contraposição, o pensador francês Raymond Aron, 1905 – 1983, sociólogo, historiador, filósofo e jornalista político, frequentemente excluído por seus pares por discordar do modismo científico e sociológico dominante, escreveu: "Certo, mas nenhuma outra doutrina criou no homem, como o marxismo, tal ilusão de onipotência. Por isso, ele é o ópio dos intelectuais. As ambições de Deus são mais modestas."

Hoje, a ciência, aberta, mutável e, por isso, em evolução, vai trazendo novas visões, repensando o homem e entendendo uma consciência que governa o cérebro, ao invés de ser um epifenômeno dele.

Não é novidade para os espíritas, que há muito entendem que o cérebro é o gabinete da alma e não seu eventual criador.

Segundo físicos, como Amit Goswami, e cientistas das mais diversas áreas, a Suprema Consciência está na origem de tudo. Podemos dizer a Suprema Inteligência, como na elucidativa resposta à pergunta número um do *Livro dos Espíritos*: Que é Deus?

A discussão de temas que exigem mudança de paradigma, além de incômoda, não permitiria aos inimigos da mudança, pelos limites de paisagem que se autoimpuseram, discuti-las com propriedade e, assim, seriam facilmente arrastados para a fuga do principal, num mergulho em questões bizantinas.

Quem não está preparado para uma discussão esclarecedora, ao deparar-se com novas ideias, foge do fundamento conceitual e, mor das vezes, se esconde numa interpretação imediatista, por não entender o alcance do tema. Sua atitude é de perplexidade.

É como Nicodemus ao ouvir de Jesus que teria que nascer de novo quando o Mestre tentava transmitir-lhe a visão da reencarnação.

Aturdido pelo novo, Nicodemus pergunta: "Então terei de me tornar pequeno e entrar novamente no ventre de minha mãe?"

Obviamente não era essa a ideia, e Jesus desistiu, verificando não estar Nicodemus preparado para entender algo que lhe era novo, estranho, quebrador de paradigmas.

Mas, ocorre que diante do novo temos que buscar novas maneiras de agir. Não somos máquinas pré-programadas e subjugadas por um destino imutável. Somos consciências criadoras, espíritos em evolução, e essa nova visão, para nos trazer o progresso para o qual é vocacionada nossa essência espiritual, tem que ser geradora de novas atitudes.

É de Einstein a afirmação de que nada é mais tolo do que pretender resultados diferentes fazendo sempre a mesma coisa.

Ao que Basarab Nikolescu acrescenta:

– De onde vem essa cegueira, essa eterna teimosia de sempre querer fazer o novo com o velho?

É por isso que o novo sempre encontra e encontrará resistência. Exige novas atitudes, novas práticas e sacode o universo de conforto, na verdade de desconforto, por estar em descompasso com o progresso, onde dormem plácidos os donos da verdade, que costumam despertar furiosos quando se lhes interrompe o torpor.

A visão espiritual do homem no mundo precisa gerar, a partir de um novo entendimento, novas atitudes, diante da vida e do outro, pois sabemos que tudo e todos estão interconectados e que ninguém está só.

Sabemos que há uma causa fora das causas materiais, que nos leva a caminhar, na ordem da criação, do mais sutil para o mais denso. Partimos do corpo sutil, ou corpos sutis, para os densos, na ordem da existência.

Nesse sentido, é importante distinguir, para bem estabelecer as causas, a experiência material externa da experiência interna.

A experiência material externa é compartilhável. Qualquer um pode ouvir os sons que eu ouço num determinado instante, qualquer um pode ver as cores que eu vejo, etc. Essa a regra geral caracterizadora da experiência material externa.

Já a experiência interna é não compartilhável. Ninguém pode sentir exatamente o que estou sentindo num dado momento; ninguém pode compartilhar minha intuição, minha experiência de iluminação, minha alegria, meu pesar, meu medo, minha paixão. Esse tipo de experiência é não objetiva por sua própria natureza. Nem por isso é menos real.

Esses dois tipos de experiências nos conduzem necessariamente a uma dicotomia, entre as objetivas e subjetivas; aquelas de origem material e perceptíveis por todos, explicáveis a partir de objetos materiais e sua observação.

Essas, de natureza completamente distinta, em que nada de material é percebido, conduzindo a outro tipo de percepção e outra causa de perceber. É imaterial.

Isso nos leva, não a um Deus antropomorfizado que os materialistas criaram e descartaram, mas a uma Consciência Suprema, com poder de criação e poder de causação. Causação descendente.

Terry Eagleton, inglês, escritor, professor das universidades da Irlanda, de Lancaster, Yale e Notre Dame, na década passada, começou a dar destaque às relações entre fé, ciência e estado.

Para ele, escrever sobre esses temas após o tristemente célebre 11 de Setembro exige que se tome partido no que chama "debate sobre Deus".

Não podemos deixar de observar que mesmo os mais trágicos acontecimentos trazem em seu bojo, além de muita dor, convites à reflexão. E, por que não, à ampliação da espiritualidade, pelo caminho primordial da fé raciocinada.

Criticando a posição da corrente conhecida como neoateísta, onde pontificam, entre outros, o cientista Richard Dawkins, autor da obra *Deus, um Grande Delírio*, o crítico cultural Cristopher Hitchens e o escritor Martins Amis, Eagleton identifica-os como intelectuais que tomaram partido na polêmica sobre Deus sem saber exatamente de que estão falando.

Já alertamos sobre isso e convém lembrar que, hodiernamente, o ateísmo não é considerado uma posição filosófica: *É uma posição de crença; uma atitude de fé.*

Diz Eagleton: "Para se tornar ateu é preciso dar algo em troca. Os representantes do neoateísmo não investem contra a crença em Deus, e sim contra uma *caricatura* dela que eles mesmos fizeram."

Ainda, para Eagleton, a promoção do neoateísmo é instrumentalizada pelos governos interessados em levar adiante a chamada guerra ao terror.

E chegamos ao paradoxo, melhor ainda, à contradição: Deus para justificar a guerra, o deus dos terroristas do 11 de Setembro, e ausência de Deus para justificar a guerra (seu prosseguimento).

Nos dois casos, uma concepção de Deus completamente distorcida e afastada do entendimento da Inteligência Suprema.

Hoje, a fé raciocinada é indispensável e, como estávamos analisando e retornando ao foco, a consciência substitui o primado da matéria.

E retomemos a ciência física.

Se, conforme a Física Quântica, os objetos são possibilidades da consciência, se esta transforma ondas de possibilidade em realidade, qual é sua natureza?

Por evidente, não material, o que exclui a ideia de consciência como criação, epifenômeno, do cérebro.

Observemos a descrição das coisas em termos científicos e vejamos a extraordinária resposta ao sentido da criação.

Não nos esqueçamos da perda de substancialidade da matéria. Partimos sempre de possibilidades.

Então, começamos com partículas? Não. Isso seria a objetividade forte. Começamos com possíveis partículas ou subpartículas.

Logo, a marcha seria: possíveis partículas, possíveis átomos, possíveis moléculas, possíveis células, possíveis neurônios, possível cérebro.

Aí, chegamos a um sério problema.

Se temos somente possibilidades somadas a possibilidades, a soma será sempre possibilidade; nunca realidade.

Aqui, segundo físicos quânticos como Amit Goswami e Fred Allan Wolf, chegamos ao paradoxo da medição quântica, que indica o erro da visão materialista.

Sendo a consciência, quanticamente falando, o ente criador da realidade, seria correto afirmar que ela é parte material e parte imaterial? Assim fazendo, chegamos ao dualismo.

Nesse caso, como seria possível a interação entre o aspecto material e imaterial da consciência? Duas coisas que nada têm em comum não podem interagir sem mediador. Teríamos, então, a tarefa de determinar uma natureza para esse mediador e assim chegaríamos a um terceiro ente, que possivelmente, para ser explicado, necessitaria de mais outro, e nos perderíamos em um emaranhado que nos levaria a criar *entidades sem identidade.*

Então, o cérebro é feito de consciência e partimos da Consciência Cósmica para chegar à materialidade.

Encontramo-nos com o Princípio Inteligente e com a constatação do já conceituado na pergunta de número 38 do *Livro dos Espíritos*:

Como Deus criou o Universo?

Para me servir de uma expressão corrente: por sua Vontade. Nada exprime melhor essa vontade todo-poderosa do que estas belas palavras da Gênese: "Deus disse: Faça-se a luz, e a luz foi feita".

De acordo com a teoria das cordas e com a psicografia de Chico Xavier, matéria é luz coagulada.

Daí termos: conhecimento científico + conhecimento espiritual = sabedoria.

Estamos assistindo ao nascer de um novo universo nos estudos da Filosofia, onde a derrubada dos postulados do materialismo realista deixou um grande vazio que só um modelo de vida e criação voltado para a espiritualidade conseguirá preencher.

Cai o velho paradigma que nunca disse exatamente a que veio, contentando-se por gritar a que não veio. Convenhamos: sempre foi muito pouco.

Uma nova visão de mundo nos levará a entender-nos como seres de brilho e lucidez, capazes de, em nossas consciências e não apenas em nossas legislações, banir definitivamente os preconceitos, entre eles o mais ridículo, que é o preconceito de raças.

A rigor, não há raças humanas diferentes.

Nada existe, com fundamento na essência do ser, com base científica, que nos leve a considerar raças distintas entre os humanos.

Temos a mesma constituição cérebro-espinal, somos a única espécie capaz de falar, escrever e transmitir objetivamente conhecimentos.

Um homem não pode receber transfusão de sangue de um animal, mas sim de outro homem. Devemos apenas testar a possibilidade em função dos grupos sanguíneos, mas estes, os quatro, existem em homens de qualquer cor.

Por isso, acho absolutamente inadequado falar-se em raças. Há uma só raça humana.

É fundamental, em todos os níveis, respeitar e saber conviver com a alteridade, respeitar modos de pensar e viver diferentes dos considerados paradigmáticos, o que, no entanto, não significa aderir a eles, nem mesmo quando viram modismo.

Se, de repente, todos fôssemos forçados a aderir a determinado padrão de comportamento, deixaria de existir a alteridade, característica essencial do ser humano.

Conviver com as diferenças não gera a obrigação de aderir, mas, sim, de respeitar.

Esse respeito, capaz de eliminar as rotulações das pessoas, tão presentes nos espíritos pobres e arrogantes, nos leva à pretensão de medir pessoas como se fossem grandezas mensuráveis e classificá-las segundo um critério de maior ou menor, incompatível com o sentimento de fraternidade e com o elementar bom-senso.

Vejamos: Quando se trabalha com números, pensam muitos, é sempre possível estabelecer um critério de desigualdade, que permita afirmar com segurança qual de dois números é o maior.

Assim afirmamos que cinco é maior do que dois, que zero é maior do que qualquer número negativo, etc.

Não nos damos conta, no entanto, que tais classificações e comparações só são possíveis em universos numéricos limitados. Quando associamos os números a uma reta orientada e convencionamos a partir de uma origem sentido positivo e sentido negativo, a noção de maior ou menor é perfeita. Vale, por exemplo, quando nos restringimos ao conjunto dos números reais.

Ocorre que esse conjunto é apenas uma reta dentro de um plano.

Quando se parte para o conjunto dos números complexos, dos quais os números reais formam apenas um subconjunto, desaparece a possibilidade de estabelecer um critério de maior ou menor.

Todas as tentativas de se estabelecer qual o maior de dois números complexos levaram a incongruências matemáticas.

Por isso, de dois números complexos, só podemos dizer se são iguais ou não.

Transportando essa ideia para o campo dos valores humanos e considerando que o ser humano é de alta complexidade, verificamos ser absurdo discutir quem de dois humanos é o maior, como ser humano.

Isso só pode ser feito em relação a aspectos parciais, como altura, peso, etc.

Não há critério lógico par se dizer se Pedro é maior ou menor do que João, como pessoa; o que se sabe é que, mesmo diferentes, estão interconectados.

A interconectividade, um apelo da natureza à fraternidade, é, segundo Stuart Hameroff, médico anestesiologista e estudioso da Física Quântica, uma excelente interpretação da espiritualidade, integrante do paradigma quântico-espiritualista.

Falamos de paradigmas.

Kuhn dá variadíssimas interpretações a esse conceito.

É o conjunto das normas vigentes em ciência, num dado momento, norteador das linhas de pesquisa e, mor das vezes, orientador do critério para se estabelecer o verdadeiro e o falso.

Em tom jocoso, poderíamos dizer que paradigma é o que está na moda na ciência e, como na moda de nosso vestuário, alguns cientistas não se permitem vestir intelectualmente, nem um milímetro fora da moda; outros seguem a moda com adaptações. Haverá os que fazem a moda. Falamos de fundamentalistas da ciência, moderados e rebeldes.

Os parisienses costumam dizer que Paris faz a moda e as outras cidades, as do interior, seguem a moda.

Acredito que devemos ter capacidade para fazer a moda.

Não existem prescrições infalíveis para a felicidade ou para a realização. Sabemos de condições necessárias, mas devido às diferentes características de nossos universos pessoais e pelo próprio princípio da incerteza, não nos é possível elencar as condições suficientes.

O traçado de cada caminho é individual e a felicidade é o caminho e não um eventual porto de chegada.

Para entender o processo, há mais uma corda a ser cortada: aquela que separa o conhecimento científico do conhecimento espiritual, que torna o cientista um fundamentalista que nega fenômenos sem investigá-los, temendo perda de prestígio acadêmico, e torna o religioso um adepto da fé sem raciocínio.

Os dois devem cortar a corda que os prende ao medo de investigar, ao medo de pensar.

Hoje sabemos, na ciência e seu progresso, que o importante é saber perguntar.

Corta a corda que te prende ao medo de perguntar. Pergunta, investiga, raciocina.

Nesse sentido, há um exemplo de perguntador. Aquele que soube perguntar e interpretar respostas. Aquele que para saber dos espíritos, uma vez identificada sua existência, dirigiu a eles as perguntas adequadas e permitiu aos adeptos de sua doutrina o sagrado direito da dúvida, incentivando o salutar e antidogmático hábito de perguntar.

Esse pensador fez sua revolução. Refiro-me a Allan Kardec.

A revolução de Kardec

No aperfeiçoamento de um elo entre a pesquisa do espírito e o conhecimento científico, Kardec surge como o justo meio-termo.

Libertar do âmbito religioso-dogmático a análise do que concerne ao espírito, tratando-a com metodologia própria da ciência, para disso tirar consequências éticas, é o objetivo de sua obra.

Por muito tempo, a intolerância preconceituosa de um lado e a submissão ao dogma, de outro, separaram a pesquisa do espírito e suas características da esfera do conhecimento científico.

Espírito era do domínio exclusivo das religiões.

Seus atributos seriam revelados e não pesquisados.

Aí residiu a enorme dificuldade do cristianismo com os povos gregos.

Enquanto para os gregos o conhecimento era algo a ser buscado pelo caminho da indagação, entendiam os cristãos que o conhecimento do espírito seria revelado por um ser supremo, dispensando a investigação e, o que é pior, proibindo o exame das questões a ele pertinentes.

Kardec admite a comunicação, mas não a reveste de caráter de verdade absoluta. O revelado deve passar pelo crivo da razão.

As filosofias e religiões orientais, por outro lado, não examinam racionalmente seus postulados.

Crer seria uma questão de sensibilidade a um mundo mais sutil e verdadeiro.

O mundo físico é maia, ilusão, logo não há maior interesse na pesquisa de suas leis.

Kardec inova ao aplicar métodos científicos para a investigação do espiritual.

Parte de um raciocínio lógico muito importante: se a essência do homem, o espírito, sobrevive ao transe da morte física, pode se comunicar.

Como a evolução continua e há sempre muito a aprender, a simples condição de morto não dá ao espírito a onisciência.

Daí porque Allan Kardec, o bom-senso encarnado, no dizer de Camille Flamarion, aconselha que se filtrem as informações espirituais, seja qual for sua fonte e presumível origem, com a razão.

No dizer do codificador do espiritismo, é preferível rejeitar verdades a aceitar mentiras.

Kardec, na investigação dos fenômenos do espírito, propõe uma metodologia baseada no chamado método científico de Galileu Galilei.

A observação cuidadosa dos fenômenos permitirá a corroboração ou não de hipóteses a eles relativas.

Por esse tipo de investigação científica e não dogmática, cientistas da estirpe de William Crookes e Charles Richet, ambos ganhadores de prêmios Nobel, se aproximaram do espiritismo para pesquisar seus fenômenos.

Kardec estabelece respeitosa relação com o avanço científico.

Sabendo que a ciência evoluirá por suas próprias forças, não tenta estabelecer o primado da fé sobre a razão.

Não faz dogmatismos, aos moldes das religiões ortodoxas, que tentavam submeter a pesquisa científica a seus cânones, muitas vezes perseguindo e até matando aqueles que concluíssem pela existência de leis à revelia dos dogmas. Galileu e Giordano Bruno são exemplos de casos de perseguição e morte.

Respeitando e incentivando o progresso científico, Kardec afirma: "Se a ciência provar o erro do espiritismo em determinado ponto, ele se reformulará sobre esse ponto".

Nascia a ciência do espírito e com ela um adequado método de investigação de sua fenomenologia.

Aí também Kardec é pioneiro, utilizando o método abdutivo, sem lhe dar o nome.

Admite-se a existência de uma inteligência criadora superior, Deus, a partir da pergunta: "Que é Deus?"

Como consequência, o espírito e as leis da evolução.

A partir da proposição Deus e da postulação do espírito, passa Kardec a investigar os fenômenos espirituais e humanos, em geral estabelecendo como acontecem e como deveriam acontecer a partir da ideia de Deus.

É uma explícita aplicação do método abdutivo.

Estabelecidos princípios gerais como o da justiça divina, e da evolução permanente, daí decorre, como corolário, a ideia da reencarnação.

Devemos dizer que essa ideia não é criação do espiritismo.

Esse apenas a difundiu mais fortemente no mundo ocidental, com a preocupação de natureza lógica de escoimá-la de imperfeições.

Assim, por admitir o progresso constante como lei, a reencarnação, tal como a entende Kardec, não contempla a possibilidade da metempsicose, doutrina ancestral que admitia a transmigração da alma humana para animais.

Também fiel ao bom-senso, a filosofia espírita não vê na reencarnação aspectos de carma, exclusivamente.

Se o homem é um ser em evolução, em busca da aproximação da fonte de todo o bem, não se pode encarar o mecanismo das vidas sucessivas como simples forma de resgatar débitos. A aproximação da fonte de todo o bem só pode acontecer com a felicidade ou até mesmo com a capacidade de compreender determinados sofrimentos.

A um ser em evolução desagrada o marasmo.

Um céu eterno seria um sofrimento, nos moldes em que é descrito pelas religiões tradicionais. Um nada a fazer, um eterno contemplar, uma impossibilidade de progredir, correspondentes a esse paraíso, seriam punições infernais, para um ser que tem na capacidade de evoluir sua marca de origem.

A reencarnação bem entendida é um apelo ao progresso e à felicidade.

O mundo em que vivemos e que ajudamos a construir numa tarefa de muitas vidas é a escola que precisamos.

Nem um vale de lágrimas, onde deve predominar o sofrimento, nem um paraíso, porque ainda não conseguimos construí-lo.

Um conhecimento espiritual bem fundamentado não aponta para o caminho das lamentações.

É compreensão deficiente da reencarnação achar que estamos aqui para penar e sofrer, agradecendo a Deus por nossas dores, como o condenado que deve beijar o chicote que o açoita.

Não! Reencarnação é mecanismo de aprendizagem e evolução que não precisa ser sempre penoso. Diante de uma situação difícil, ao invés de falarmos em provação, que conota um sofrimento indispensável como único caminho, devemos dizer, como aconselha o empresário e pesquisador espírita Dante López, de Rafaela, Argentina, que se trata de um convite que a vida nos faz, de uma proposta que encaminha ao progresso.

A sistematização da comunicação espiritual, a ideia da reencarnação como corolário da justiça divina e o livre exame das comunicações do espírito, com uma constante necessidade de atualização, são pontos diferenciadores em Allan Kardec, o primeiro pensador a propor o estudo de questões espirituais pelo caminho da ciência e não pelo beco sem saída da fé cega e de seu filho mais querido: o fanatismo.

A fé, para Kardec, tem que ser raciocinada, e isso só é possível, segundo o codificador, acompanhando o progresso científico.

"Fé raciocinada só o é aquela que for capaz de encarar face a face a razão em todas as épocas" (A. Kardec).

Vemos nessa renovação revolucionária, no campo da ciência e da espiritualidade, um convite a cortar as amarras do medo, a investigar e a concluir, sempre em sintonia com a razão.

Um convite à libertação da ideia de verdades absolutas, pois o conhecimento evolui com nossa capacidade de entender o Universo, quer dizer, a obra de Deus, que nos permitirá o entendimento da espiritualidade em meio à violência, que tanto nos preocupa, e a utilização integral dos múltiplos aspectos de nossa inteligência.

O valor da espiritualidade em meio à violência social

Partimos de uma concepção de mundo materialista, ensejada pela Física newtoniana, nascente dos postulados fundamentais do materialismo realista.

Esse paradigma científico nos descrevia um Universo de grandes vazios, em que as coisas só funcionavam à força, e onde nós, observadores, não tínhamos a menor possibilidade de intervenção.

A descrição do mundo via, no reino animal, a luta pela sobrevivência, com a prevalência do mais forte, enquanto, no plano social, os arautos do negativismo entendiam que o progresso só seria obtido através da luta de classes. Luta sangrenta, como bem nos conta a História, que, no fundo, apenas substituía uma classe dominante, dita perversa, por outra que, eliminando literalmente a primeira, seria tão perversa quanto ela.

Nunca buscou esse ideário, verdadeiramente, uma igualdade. Buscava não a eliminação de privilégios, mas a troca de privilegiados.

Tais concepções auxiliaram a vivência do pensamento hobesiano do "homem lobo do homem".

Havia outra opção, que não estava no cardápio exíguo, no modismo pobre daqueles donos da verdade: a possibilidade do homem irmão do homem.

Todo esse exame sombrio do homem, visto como essencialmente mau, do patrão empreendedor como o grande inimigo, da luta das espécies ignorando os múltiplos aspectos de cooperação na natureza, a apontarem para a sinergia, tinha apoio na descrição física do universo fundada no mecanicismo.

Esse passou, mas suas consequências ainda não.

Ainda há organizações em que o autoritarismo predomina, impondo o medo como fator de permanência no trabalho e empregados que fazem da inveja, do recalque, um alimentador de ódios, geradores de infelicidade.

Tal conceito, do materialismo realista, estendido à nossa vivência, a nosso inter-relacionamento e à construção do futuro, nos levava a um sombrio fatalismo genético ou religioso.

A biologia, seguindo as linhas mestras da filosofia da ciência, ditadas pela física da causalidade rígida, estabelecia que nós éramos a consequência das posições dos átomos em nossas células; vale dizer, éramos o nosso genoma.

Entendia que, a partir da fecundação do óvulo pelo espermatozoide, estava escrito e estabelecido nosso ser, em termos, inclusive, das qualidades subjetivas e dos pendores naturais, sujeito a pequenas modificações ambientais. Também aí não tínhamos qualquer possibilidade de escolha.

Por seu turno, as religiões tradicionais falavam no destino preestabelecido, que não poderíamos mudar, o que nos tornava marionetes, sem consciência, sem liberdade de escolha e, via de consequência, inimputáveis.

Éramos máquinas sem consciência, portanto perfeitamente descartáveis, num Universo sem consciência, onde corríamos, à espera do cataclisma final, sem outro objetivo que não o de perpetuar nosso DNA.

O novo paradigma substitui certezas por possibilidades.

Dizem os Físicos Quânticos que "flutuamos num oceano de luz chamado energia ponto zero. Nesse oceano de luz, infinitas possibilidades, com diferentes probabilidades, se nos apresentam e nossa consciência elege aquelas que quer transformar em realidade."

Com isso, passamos de meros espectadores a coconstrutores do Universo. Um Universo que, segundo a Nova Ciência, está todo interconectado e em que a sinergia substitui a Lei do Mais Forte.

Nesse Universo, sabemos que nossa mente atua sobre a própria matéria subatômica e que as partículas mudam de comportamento ao serem observadas. De observadores passamos a participantes.

Ora, se com nossas mentes influenciamos o próprio mundo das partículas, num Universo descrito como feito de energia e intenção, em que a matéria perdeu sua substancialidade, mais operante ainda é nossa consciência e atividade na determinação do panorama social.

Daí entendermos que a violência não parte de fontes extraterrestres. É escolha nossa, a partir de um equívoco na elaboração de nossa escala de valores.

É por isso que a escola, fundamental fator de transformações, precisa estar sintonizada com a nova visão do Universo.

Essa nova visão contempla obrigatoriamente metas alternativas, possibilidades de mudança de rumo, muito diferente da rigidez newtoniana.

É a partir dela que estamos convocados a criar uma massa crítica pensante, capaz de liberar a energia suficiente para a produção de um clima de harmonia e progresso.

A escola assume a responsabilidade de transformar moral repressiva em conhecimento.

A Nova Ciência apresenta uma abertura para a espiritualidade humana e para a compreensão do homem integral.

Esse homem, fruto de uma nova visão, que será preparado para ser cocriador de uma sociedade com a qual devemos não só sonhar, mas também construir.

Esse homem, consciente da problemática que vivemos, há de reconhecê-la e não transferirá a entidades do plano astral ou a extraterrestres a sua solução.

Devemos buscar a raiz dos problemas que nos afligem e entender que nem todos os que gritam por liberdade respeitam a liberdade dos demais.

Maldosamente, os arautos da desordem lançam confusão entre autoridade e autoritarismo, desrespeitando, a esse pretexto, direitos de terceiros e a estrutura legal, que, embora lacunosa, desrespeitada conduzirá ao caos.

Convivemos com a falta de respeito, com professores agredidos por alunos, por reivindicantes que se constituem rigorosamente em rebeldes sem causa ou com causas ocultas, fruto de uma intenção perversa de mentes totalitaristas, que buscam o caos, na intenção de poder governá-lo, sem saber – oh santa ignorância – que o caos é, por definição, ingovernável.

Talvez os mentores sejam alunos, maus alunos, de Maquiavel.

Por outro lado, uma barbárie denominada religiosa pratica crueldades e adota normas de conduta capazes de envergonhar a espécie humana como um todo.

Não podemos nos iludir, nem procurar eufemismos. Não se trata de um choque de culturas, muito menos de civilizações. Trata-se de um embate entre a civilização e a barbárie escancarada.

Também não se pode admitir a matança, a tortura, o genocídio como posicionamento religioso. É exatamente o oposto do que deveria significar religiosidade.

Pois bem, sabemos que isso tudo existe e não é necessário fazerem-se nominações ou localizações geográficas.

Tudo isso a que assistimos, aqui e em outros sítios, resulta do desconhecimento do homem sobre si mesmo. De um erro de avaliação quanto às finalidades da existência e provavelmente da presença de espíritos altamente violentos, recalcitrantes, desperdiçando aquela que pode ser sua última oportunidade nesta escola de evolução que é a Terra.

Devemos buscar o diálogo, que os donos da verdade consideram desnecessário; procurar as razões, ao menos alegadas, dos que confundem liberdade com licença e, mesmo que nada disso seja possível, sermos nós as transformações que queremos ver no mundo, buscando a não violência como estágio intermediário no objetivo da fraternidade, sem confundir compreensão com submissão.

Em nos omitindo, poderemos viver a velha história de "um dia eles pisaram uma flor do nosso jardim, mas não nos importamos..." E a violência covarde, não combatida, chega ao extremo.

Dentro de todos esses acontecimentos, que são acompanhados, na mesma medida, se não superior, por acontecimentos que nos gratificam o ser e elevam a alma, vamos entendendo que temos um mundo com várias opções, e nos compete realizar as melhores escolhas.

Quem se conhece, quem se descobriu, ou, após um tempo de esquecimento, está se redescobrindo, entenderá perfeitamente que falta ao homem desviado da rota do bem consciência de si mesmo. O grande caminho é o do *conhece-te*.

Esse conhecimento requer o uso da razão e do sentimento. Requer inteligência, e sabemos que há três formas de inteligência que devem ser igualmente cultivadas, desenvolvidas:

A inteligência racional, a inteligência emocional e a inteligência espiritual.

Pensemos sobre elas.

QI, QE e QS

Até boa parte da segunda metade do século passado, a capacidade de agir de modo inteligente era determinada exclusivamente pelos testes de QI.

Tais testes, que avaliam a capacidade de raciocínio lógico, dentro dos métodos tradicionais de dedução e indução, eram fator decisivo, e, em termos de possível avaliação da inteligência, únicos e se constituíam em fator decisivo para que alguém fosse admitido em instituições de ensino, empresas e, principalmente, para que recebesse funções de comando.

Tais testes, como dissemos, avaliavam a capacidade de raciocínio lógico.

Por exemplo: Diz-se a um candidato que determinada série numérica não é aleatória, quer dizer, há uma lei para sua formação. Em seguida, são fornecidos, em ordem, alguns números que integram a série; por exemplo, a série começa com o número 2, o próximo é o 5, o seguinte, o 8. O candidato deverá concluir que ao 8 deve seguir-se o 11.

Trata-se de um exemplo simples de teste de raciocínio lógico indutivo.

Também se testava o raciocínio dedutivo, como, por exemplo:

Dado que todo lobisomem é feroz, sabendo-se que Pedro é um lobisomem, pode-se concluir que... e seguiam-se as alternativas, entre as quais a correta, que consiste em poder afirmar que Pedro é feroz.

É importante verificar-se aqui que a lógica não questiona a existência do ente em relação ao qual são estabelecidas as premissas: maior – todo lobisomem é feroz, e menor – Pedro é lobisomem.

Se pretendesse fazê-lo, seria uma ciência inviável, porque seu objeto se constituiria no estudo de tudo e do todo.

A lógica informa na forma, validando ou não raciocínios.

Pois, através do acerto em testes de complexidade variável, chegava-se a estabelecer o QI do postulante a uma vaga.

Mas, a partir da segunda metade do século passado, começaram os estudiosos do comportamento humano a verificar que nem sempre as pessoas de alto QI reuniam realmente condições de liderança para ocuparem altos cargos.

Muitas delas se mostravam emocionalmente frágeis, de modo que, enquanto tudo corria dentro do manual de instruções, sua colaboração era apreciável, mas, diante do imprevisto, agiam como aquele robô que frente a acontecimento não existente em sua programação, curto-circuita seus sistemas e se põe a dizer: "não tem registro".

Várias se deixam arrastar pelas emoções e, considerando que não são tratadas por um subalterno com a pompa e circunstância que exigem, permitem que a ira ocupe o lugar do julgamento equilibrado, e buscam o prejuízo do funcionário, sem levar em conta, o que deveria fazer se mantivesse padrões de análise lógicos, a capacidade e a produtividade daquele que passa a ser visto como desrespeitador de S. Exa., o chefe.

Também se a instituição entra numa situação de crise, não sabe como agir para mudar de rumo, uma vez que se deixa perturbar pelo imprevisto negativo.

Todos os exemplos revelam atitudes características daqueles que não sabem controlar suas emoções e, consequentemente, diante do fato, que pode ser banal ou gravíssimo, capaz de mexer com o plano emocional, se tornam incapazes de agir adequadamente, a partir de um pensar coordenado pelo bom-senso.

A esses, falta inteligência emocional.

A capacidade de lidar com o imprevisto, de superar emoções negativas, de visualizar novas saídas diante de novas dificuldades, caracteriza outro tipo de inteligência: a inteligência emocional, avaliada a partir dos chamados testes de QE.

Portanto, é evidente que dar o comando de uma aeronave a portador de alto QI, ancorado num baixo QE, é um risco de alto grau.

Não se confunda saber lidar com as emoções com não possuí-las, que seria pior do que não saber administrá-las.

Uma pane num sistema, familiar, mecânico ou empresarial, produz impacto emocional em todos os envolvidos. Há coisas que nos causam tristeza, preocupação, incertezas. É absolutamente normal. Mas a capacidade de se recompor diante delas, de não perder o tirocínio quando elas acontecem, identifica as pessoas capazes de terem emoções, sem, no entanto, se deixarem dominar por elas.

Encontrar soluções fora dos acontecimentos previstos, saber lidar com o novo, mesmo quando desagradável, para transformá-lo, assumir o timão na tempestade e levar a embarcação por rumo seguro caracterizam a inteligência emocional.

Deve-se dizer que um aspecto não elimina o outro e o ideal é um bom QI associado a um bom QE.

Mas, além do QE, define-se um novo quociente, caracterizando uma forma mais sutil de inteligência: a inteligência espiritual, avaliada através do QS.

Vai além da emocional, dizendo muito de como sentimos as coisas e de nossa capacidade de planejamento.

Vamos exemplificar:

O QI, aplicando raciocínio lógico, permite planejar para não cair num buraco. Mas a queda pode ocorrer, por razões até mesmo imprevisíveis.

O QE permite pensar: como sair do buraco? Como controlar as emoções para que o desespero não obinubile a razão?

Como planejar para sair de um buraco, uma vez que a queda não estava vislumbrada na programação oficial?
Enfim, um bom QE permitirá sair do buraco.
Mas, há mais.
Sair do buraco, sair da crise, sair do vermelho, sair do atrito numa relação familiar é um passo.
Mas, repetidas as causas, a crise voltará, e o buraco será revisitado.
Saber qual a causa da queda, examinar como tornar viáveis projetos com alternativas e, principalmente, entender que as causas da queda não podem ser repetidas caracterizam a inteligência espiritual.
Do tipo: Eu não queria estar nessa situação. Estou. Planejo e executo a saída: inteligência emocional.
Descubro as causas da situação indesejada para não repeti-las e estudo o procedimento adequado para atingir meus objetivos: inteligência espiritual.
Como sabemos que tudo se constrói do mais sutil para o mais denso e que a vida deve ser um projeto que se desenvolve a partir de sua criação no plano mental, entendemos a essencialidade da inteligência espiritual.
Dana Zohar, Ph.D, física e filósofa, refere-se à inteligência espiritual como tipo de inteligência que aumenta os horizontes das pessoas, torna-as mais criativas e se manifesta em sua necessidade de encontrar um significado para a vida.
No início do século 20, o QI era a medida definitiva da inteligência humana. Só em meados da década de 90, a descoberta da inteligência emocional mostrou que não bastava o sujeito ser um gênio se não soubesse lidar com as emoções.
A ciência começou o novo milênio com descobertas que apontam para um terceiro quociente, o da inteligência espiritual. Ela nos ajudaria a lidar com questões essenciais e pode ser a chave para uma nova era no mundo dos negócios.

Aqui, um detalhe importante para os que querem ver e viver a vida num só aspecto. Assim como existem os materialistas, negadores dos valores essenciais do homem e da finalidade da vida, há os "eterificados", que veem no mundo material somente uma soma de pecados e cultuam a pobreza como se fosse sinônimo de realização.

A inteligência espiritual desenvolvida é aplicável à busca da finalidade do existir e também ao mundo negocial.

Quando a essência vai bem, os complementos, desde que continuem sendo considerados complementos, vão igualmente em harmonia.

Dana baseia seu trabalho sobre Quociente Espiritual (QS) em pesquisas só há pouco divulgadas de cientistas de várias partes do mundo que descobriram o que está sendo chamado "Ponto de Deus" no cérebro, uma área que seria responsável pelas experiências espirituais das pessoas.

É mais uma evidência, como diria Chopra, das pegadas de Deus.

Afirma Dana: "A inteligência espiritual coletiva é baixa na sociedade moderna". Isso nos convence, mais uma vez, de que o ser humano precisa se descobrir e, embora o caminho seja conhecido e as evidências de nossa essência sejam comprovadas, conforme mostramos, a média do entendimento, da vivência do amor e da espiritualidade é ainda insatisfatória, embora o aperfeiçoamento fantástico dos sistemas legislativos, no sentido de promover a igualdade de oportunidades e proibir as discriminações.

Isso, naturalmente, onde existe civilização.

Dana chega a afirmar que vivemos numa cultura espiritualmente estúpida, mas podemos agir para elevar nosso quociente espiritual.

Também afirma que a inteligência espiritual permite o pensamento criativo, capaz de *insights*, formulador e revogador de regras. É o pensamento com que se formulam e se transformam os tipos anteriores de pensamento.

É capaz de levar à promoção de mudanças essenciais, porque é marca do espírito a busca do progresso, no cumprimento da Lei da Evolução.

É essa terceira inteligência que coloca nossos atos e experiências num contexto mais amplo de sentido e valor, tornando-os mais efetivos.

Ter alto Quociente Espiritual (QS) implica ser capaz de usar o espiritual para ter uma vida mais rica e mais cheia de sentido, adequado senso de finalidade e direção pessoal.

O QS aumenta nossos horizontes e nos torna mais criativos.

É uma inteligência que nos impulsiona.

É com ela que abordamos e solucionamos problemas de sentido e valor. O QS está ligado à necessidade humana de ter propósito na vida.

É ele que usamos para desenvolver valores éticos e crenças que vão nortear nossas ações.

Mais uma vez se comprova que a descoberta de nossa espiritualidade, o saber que somos espíritos que possuem corpos e não corpos materiais capazes de gerar a sutileza do pensamento, nos recoloca no devido rumo, de onde a vivência materialista nos afastou.

Convida-nos à busca dos verdadeiros valores e a entender o significado da vida, o que, sem dúvida, nos levará a vivê-la com muito amor, com muita paixão, encontrando pessoas em nosso nível de entendimento, movidas pelo mesmo ideal de realização.

Isso nos leva diretamente à conclusão: eleve o seu próprio nível de compreensão psíquica, de natureza mental, eleve seu padrão de espiritualidade, alimente seu QS e desenvolva-o, uma vez que qualquer inteligência pode ser desenvolvida, e passará a atrair pessoas de seu próprio nível e, com estas poderá manter relações felizes.

Precisamos desenvolver, urgentemente, a convicção de que a realização das melhores possibilidades é tarefa nossa, cuja probabilidade de execução é diretamente proporcional à nossa paixão pelo existir e à nossa fé em nossa autorrealização.

Para tanto, o abandono do ideário do sofrer, das purgações de pecados e da infelicidade inerente ao próprio viver em nosso planeta devem ser elididos, deletados, de forma irreversível. O que implica cortar algumas cordas, entre elas:

Cortes urgentes

As seguintes cordas, representadas por pensamentos que nos convidam a uma eterna submissão à dor, precisam de imediato e definitivo corte:

1. O ser humano é mau por natureza e inconfiável. Corta essa e abandona a esfera de influência desse conceito.

2. Temos um pecado original e mais um de nossa concepção. Nascemos impuros e vocacionados para o mal. Corta.

3. Estamos aqui num processo de depuração para resgatar culpas mediante sofrimentos múltiplos que representam penas e castigos. Corta.

4. É proibido ser feliz. A felicidade só existe na outra vida e é preciso sofrer nesta para gozar naquela. Corta imediatamente.

5. Bom mesmo era antigamente. Corta a corda do louvor ao atraso.

6. A riqueza é a perdição do ser humano.

7. É sempre melhor esperar o pior.

8. Todo sofrimento consiste num resgate de culpas passadas.

9. Melhor um ignorante bem intencionado do que um douto prenhe de más intenções. Quem disse que somos obrigados a escolhas desse tipo? Por que buscar sempre um ponto negativo associado a um positivo, capaz de gerar comparações sem sentido? Corta a corda que junge positivos a negativos e

escolhe a totalidade positiva. É melhor um douto bem intencionado do que um ignorante sem ética.

E, principalmente, corta a corda dos medos: O medo de ousar, de amar, de ser feliz, de andar de avião, de envelhecer, pois bem pior é nem chegar lá, o medo das doenças que são provocadas pelo próprio medo, o medo de morrer que muitas vezes nos impede de viver, etc., entendendo que todo medo é uma amarra que nos impede o voo para a autorrealização.

Cortem-se também todas as cordas impeditivas da felicidade, das conquistas, do progresso, mesmo não citadas como se aqui expressamente motivadas fossem.

O convite é para nos libertarmos das cargas indevidas, buscarmos novos horizontes do saber e desenvolvermos nossa capacidade de sermos felizes.

Enfim, vamos abandonar os pesos indevidos cortando as cordas que nos prendem a eles e realizar nossa vocação de seres superiores.

Vamos voar, fazer manobras mais arriscadas, dominar os medos e conquistar os ares.

Quais Fernão Capelo Gaivota, vamos criar novas táticas de voo, sem pensar que voar é impossível. Vamos construir nosso asteroide B-612 como o Pequeno Príncipe. Vamos subir, voar, voar e adquirir o pleno sentido de liberdade.

Rastejar é para os vermes. É compatível com sua fase de evolução. Voar altaneiro, buscar o novo, realizar conquistas é para os pássaros. É para as gaivotas, é para as águias.

Afinal, quem somos?

Convido-os a voar.

Bibliografia

ARNTZ, William; CHASSE, Betsy; VICENT, Mark. *Quem somos nós?* Rio de Janeiro: Prestígio Editorial, 2007.
ASIMOV, Issac. *O Universo*. Rio de Janeiro [s.ed.], 1969.
BARTHES, Roland. *A Aula*. São Paulo: Editora Cultrix, 2007.
CHOPRA, Deepak. *A Cura Quântica*. São Paulo: Editora Best Seller, 1997.
_____. *Deus*. Ed. Agir, 2012.
CHOPRA, Deepak e MLODINOV, Leonard. *Ciência X Espiritualidade*. São Paulo: Sextante, 2012.
COMTE-SPONVILLE, André. *O Espírito do Ateísmo*. São Paulo: Editora WFM Martins Fontes, 2007.
DALAI LAMA. *O Caminho da Tranquilidade*. São Paulo: Sextante, 2000.
EINSTEIN, Albert e INFELD, Leopold. *A Evolução da Física*. Rio de Janeiro: Rio de Janeiro: Zahar, 1980.
FREUD, Sigmund. *Totem e Tabu*. Porto Alegre: L&PM Editores, 2013.
GUEDES, Paulo Sérgio Rosa. *A Paixão*. Porto Alegre: Edição do autor, 2010.
LIMA, Moacir Costa de Araújo. *Quântica: Espiritualidade e Sucesso*. 3.ed. Porto Alegre: AGE, 2011.
_____. *Quântica: Espiritualidade e Saúde*. Porto Alegre: AGE, 2013.
_____. *Quântica: O Caminho da Felicidade*. Porto Alegre: AGE, 2011.
KARDEC, Allan. *O Evangelho Segundo o Espiritismo*. Araras, São Paulo: Instituto de Difusão Espírita.
_____. *O Livro dos Espíritos*. São Paulo: LAKE, 1957.
MAY, Rollo. *A Coragem de Criar*. Rio de Janeiro: Nova Fronteira, 1982.
NIETZSCHE, Friedrich. *Assim Falou Zaratustra*. Tradução Gabriel Valladão Silva, Porto Alegre: L&PM, 2015.
_____. *Genealogia da Moral*. Tradução Paulo César de Souza, São Paulo: Editora Schwarcz, 2009.

_____. *O Nascimento da Tragédia.* São Paulo: Companhia de Bolso, 2007.
PERT, Candace B. *Molecules of Emotion.* New York: Scribner, 2003.
PLATÃO. *Apologia de Sócrates.* Porto Alegre: L&PM Editores, 2010.
_____. *O Banquete.* Publicações Europa-América Ltda.
SAINT ÉXUPERY, Antoine de. *O Pequeno Príncipe.* São Paulo: Editora AGIR.
SANTOS, Jorge Andréa dos. *Funções Espirituais na Ciência.* MAP Editora, 2006.
WARBURTON, Nigel. *Uma Breve História da Filosofia.* Porto Alegre: L&PM Editores, 2012.
WHEATLEY, Margaret J. *Liderança e a Nova Ciência.* São Paulo: Cultrix, 2009.
ZOHAR, Dana. *O Ser Quântico.* São Paulo: Editora Best Seller, 1990.